Leyendas

A Collection
of Cuban
Legends

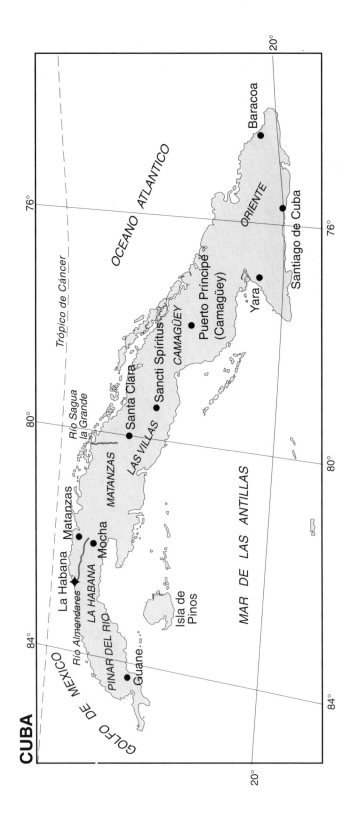

CUBA

GOLFO DE MEXICO

OCEANO ATLANTICO

Trópico de Cáncer

PINAR DEL RIO

Guane

LA HABANA

Río Almendares

La Habana

Mocha

Matanzas

MATANZAS

Isla de Pinos

Río Sagua la Grande

Santa Clara

LAS VILLAS

Sancti Spíritus

CAMAGÜEY

Puerto Príncipe (Camagüey)

MAR DE LAS ANTILLAS

Yara

ORIENTE

Santiago de Cuba

Baracoa

84°

80°

76°

20°

Leyendas Cubanas

A Collection of Cuban Legends

Olympia B. González

National Textbook Company
a division of NTC/CONTEMPORARY PUBLISHING GROUP
Lincolnwood, Illinois USA

To both of my grandfathers,
José González Rubio and
Waldemiro Domínguez Ruiz,
the best storytellers I have
ever known.

Cover design: Linda Snow Shum
Interior illustrations: Matías

ISBN: 0-8442-7236-1

Published by National Textbook Company,
a division of NTC/Contemporary Publishing Group, Inc.,
4255 West Touhy Avenue,
Lincolnwood (Chicago), Illinois 60646-1975 U.S.A.

8 9 0 VP 9 8 7 6 5 4 3 2

Contenido

Preface

Leyendas cubanas is a collection of tales designed for readers at the intermediate level of Spanish who want to become more familiar with Cuban history and folklore.

We have arranged the sixteen legends in chronological order, covering a period of approximately 600 years. The principal characters of these engaging tales are drawn from fact and fiction, and include pre-Columbian legends, as well as stories from the Spanish colonial period and Cuban independence. The rich cast of characters includes the island's early indigenous peoples, animals, explorers, colonists, immigrants, adventurers, and others who reflect the island's heterogeneous blend of cultures. The settings of the stories are as varied as the characters and Cuba's extraordinary landscape.

As you read the legends, you will not only enjoy delightful stories, you will also develop your Spanish-language skills, and learn something about the history, geography, culture, customs, and values of the Cuban people. Even though the stories have been written entirely in Spanish, the language is controlled and accessible. The more difficult words and expressions have been glossed and defined—in Spanish—at the foot of the page. Many words used in the stories especially reflect the island's culture and will surely enhance readers' vocabulary. At the end of the book there is a bilingual Spanish-English Vocabulary List to help you, too. Questions and activities at the end of each story will evaluate your reading comprehension and develop your grammar and vocabulary skills.

We hope you will enjoy this journey through Cuba's fascinating past!

El héroe castigado

Los indios taínos[1] habitaban[2] en las regiones del este de Cuba. Su mitología abunda en relatos[3] sencillos[4] y prácticos que incorporan el sol, la luna y las estrellas, las plantas aborígenes[5] como la yuca y el tabaco —llamado por ellos cohiba— y animales tan pequeños como la rana y el murciélago. Aunque vivieran escondidos en el follaje,[6] desempeñaban un papel muy importante en las creencias de los taínos. Todos se mezclaban para reproducir la vida y valores de los indígenas para quienes el mar y las plantas eran una prueba de la armonía de la creación. Los taínos creían que la cueva era el lugar donde se había originado la raza taína. Por eso, todas sus historias acerca del origen comienzan en una cueva.

Entre todos los personajes de la mitología taína, Guahayona disfrutaba de gran popularidad, especialmente entre los jóvenes. Apuesto,[7] inteligente y atrevido, la historia dice que Guahayona se aburría encerrado en la cueva de la montaña donde vivía confinado con el resto de su tribu. Los adultos se burlaban[8] del joven porque pensaban que siempre estaba melancólico. No le gustaba andar con el grupo ni participar con los otros hombres en las ceremonias.

Un día Guahayona no quiso levantarse temprano para ir a cazar.[9] Cuando los hombres regresaron por la tarde con

---

[1]**taínos** nativos del Caribe [2]**habitaban** vivían [3]**relatos** cuentos, historias [4]**sencillos** fáciles de entender [5]**aborígenes** que pertenecen a una región [6]**follaje** hojas y plantas [7]**apuesto** guapo [8]**se burlaban** se reían de [9]**cazar** buscar animales para comer

muchos animales sobre la espalda, se lo encontraron sentado sobre el tronco de un cocotero.

—¡Mírenlo, está de mal humor! —exclamaron varios hombres que traían los animales sobre la espalda.

—¿Por qué no quisiste ir al monte con nosotros? ¿Qué te pasa? ¿Estás cansado o tienes sueño?— Los hombres se reían y seguían caminando.

Guahayona no se sentía bien y la piel le dolía, como si tuviera sobre ella una capa de animalitos que le picaran[1] noche y día. Herido en su orgullo[2] por las burlas de los demás, Guahayona decidió jugarse el todo por el todo[3] y con su sonrisa simpática y su facilidad de palabra convenció a todas las mujeres de la tribu para que abandonaran sus hogares y se escaparan con él.

—No sean tontas —les dijo—. Regresaremos enseguida. ¿Qué hay de malo en pasar un rato oyendo el canto de los pájaros? Los niños pueden jugar con sus piedrecitas y correr por el batey.[4] Una vieja los cuidará.

—Estamos cansadas de alimentarlos, Guahayona —decía una mujer—. Pero nuestros maridos se disgustarían si no nos encuentran cuando regresen de cazar jutías.[5]

—No vamos a ir tan lejos —les contestó el joven—. Detrás de esa loma hay un prado[6] y mucha sombra para descansar. Podremos hacer una fogata.[7]

La razón por la que Guahayona quiso escapar con tanta compañía no está muy clara. Parece que su propósito era crear una nueva tribu donde podría mandar sin la autoridad de los mayores[8] y sin tener que dedicarse a sembrar y pescar para poder alimentarse. Las mujeres harían todo el trabajo por él. También es posible que intentara vengarse de los otros hombres que lo habían humillado por andar solitario y aburrido.

---

[1]**picaran** mordieran (los insectos)   [2]**orgullo** buena opinión de uno mismo   [3]**jugarse el todo por el todo** tomar riesgos   [4]**batey** espacio rodeado de casas   [5]**jutías** animales parecidos a las ratas   [6]**prado** campo   [7]**fogata** fuego en la tierra   [8]**mayores** gente que tiene más edad

El mito nos cuenta que Guahayona dejó a la tribu sin mujeres y a los niños abandonados, sin las madres que los alimentaran. —Olvídense un rato a sus esposos y vengan conmigo. No se preocupen por los niños, que regresaremos pronto —repetía Guahayona la invitación. Las mujeres pusieron sus utensilios cerca de la entrada de sus casas y se marcharon cantando.

Al poco tiempo, los niños empezaron a llorar porque tenían hambre; los padres se desesperaban[1] pues no podían alimentarlos.

—¿Dónde están las mujeres? ¿La madre de este niño no se acuerda de que tiene el estómago vacío? —decía un padre furioso.

—¡Croa! ¡Croa! ¡Croa! —los niños gritaban desesperadamente.

—¡Croa! ¡Croa! ¡Croa! —seguían gritando para que alguien les diera leche. Los padres no sabían qué hacer.

—¡Miren, se están volviendo ranas! —gritaban los hombres—. ¡A mi hijo se le está poniendo la piel verde y le crecen los pies!— El hombre hablaba y corría de un lado a otro.

Las ranitas comenzaban a saltar. Se divertían[2] escondiéndose detrás de las hojas o debajo las pequeñas piedras del río. La lluvia les resbalaba[3] por la piel, pero no sentían frío.

—¡Se esconden entre las ramas! —decía uno de los padres mientras perseguía a una ranita ligera—. Ya nunca los volveremos a ver.

Incapaz de fundar[4] una tribu propia, pues las mujeres lo abandonaron al poco tiempo, el joven Guahayona deambuló[5] solitario por playas y montes hasta que encontró a una bella mujer en el fondo del mar. Su nombre era Guabonito. Ella hizo que Guahayona se bañara con la savia[6] de una planta para curarse de sus padecimientos[7] y al fin el joven

---

[1]**se desesperaban** perdían la esperanza [2]**se divertían** se la pasaban bien
[3]**resbalaba** se deslizaba [4]**fundar** establecer [5]**deambuló** caminó de un lado a otro
[6]**savia** líquido del tronco [7]**padecimientos** enfermedades

regresó a la tierra de su padre. Había decidido formar parte del mundo de los mayores. Sólo cooperando con el bienestar del grupo podría ser feliz.

Desde entonces, cuando las ranas croaban, los taínos anunciaban que se acercaba la primavera, pues esa era la época en que el apuesto Guahayona, impulsado por la soberbia,[1] se había llevado a las mujeres para vengarse de los adultos de su tribu.

EJERCICIOS

A. Conteste las siguientes preguntas:
1. ¿Dónde habitaban los taínos?
2. ¿Qué animales pequeños conocían?
3. ¿Dónde comienzan los mitos taínos del origen del hombre?
4. ¿Cómo era Guahayona?
5. ¿Qué les dijo Guahayona a las mujeres?
6. ¿Qué planeaban hacer Guahayona y sus amigas?
7. ¿Cómo reaccionaron los hombres cuando las mujeres no regresaron?
8. ¿Por qué lloraban los niños?
9. ¿Qué le sucedía a la piel de los niños?
10. ¿Adónde se dirigió Guahayona después de bañarse?

B. ¿Qué opina usted?
1. Los jóvenes deben vivir separados de los adultos.
2. A los niños hay que dejarlos llorar.
3. Los animales tienen un papel importante en la civilización.
4. El grupo es más importante que el individuo.
5. Los jóvenes deben oír los consejos de los mayores.

---

[1]**soberbia** orgullo exagerado

C. Indique si cada oración es verdadera o falsa.
1. Los taínos no querían a los animales.
2. Guahayona estaba viejo y enfermo.
3. El joven se ponía melancólico con frecuencia.
4. Las mujeres decidieron irse de sus casas por un tiempo.
5. Los padres alimentaban a los niños.
6. Los niños se convirtieron en ranas.
7. En la primavera no había ranas.
8. Guahayona aprendió a comportarse bien.
9. Para los taínos, la obediencia era necesaria.
10. Los taínos se preocupaban por el bienestar del grupo.

D. Busque en el texto el sinónimo que corresponda a cada palabra.
1. guapo
2. encerrado
3. aves
4. oriente
5. insultado
6. sin compañía
7. dio vueltas
8. ocultos
9. hueco profundo
10. transformarse

El Babujal

La religión de los primeros pobladores[1] indígenas de Cuba insistía en la necesidad de tratar con mucho cuidado al señor de las tinieblas,[2] el maligno,[3] por temor a las consecuencias que pudiera provocar cualquier ofensa contra él. Al dios del mal le llamaban Babujal. Este espíritu malvado tomaba la figura de un lagarto[4] grueso y gigantesco que se introducía dentro del cuerpo de la víctima, un hombre o una mujer. Su escondite[5] era el estómago. Aunque la desesperada víctima llorara y gimiera[6] sin control, al Babujal sólo lo podían ver los sacerdotes aborígenes o "behíques", quienes también eran los médicos o curanderos de la población.

La persona poseída por el Babujal se retorcía,[7] mientras que el estómago le hacía mucho ruido. Entonces el behíque aparecía para interpretar los mensajes que enviaba el espíritu del mal. El maligno pedía alimentos[8] constantemente y, cuando se le negaba la comida, insultaba al sacerdote y lo maldecía.

—¡Ayuda! —exclamaba un joven siboney[9] que se retorcía acostado en una hamaca amarrada a dos troncos. El joven sudaba[10] y no podía controlar los espasmos. El sacerdote se le acercó y le sopló humo de tabaco sobre el estómago. Después, recitó encantamientos para calmar al babujal. Los miembros de la familia del poseído lo miraban espantados.

—¡Quiero yuca! ¡Quiero pescado! —gritaba el joven.

---

[1]**pobladores** habitantes [2]**tinieblas** oscuridad [3]**maligno** del mal [4]**lagarto** reptil con cola [5]**escondite** lugar para ocultarse [6]**gimiera** expresara dolor [7]**se retorcía** se movía el cuerpo sin control [8]**alimentos** comida [9]**siboney** miembro de la tribu indígena [10]**sudaba** exhalaba sudor por los poros

Los vecinos lo miraban y daban vueltas de un lado a otro. Estaban preocupados porque tendrían que salir de nuevo en sus canoas a pescar.

—¿Cómo vamos a salir? —se preguntaban. Frente a la playa, una tormenta impedía que se lanzaran al mar.

—¡Es el dios huracán! ¡Está furioso con nosotros!— Las viejas, asustadas, se retorcían las manos y trataban de mantener vivo el fuego dentro del hogar. Mientras tanto, el poseído seguía sufriendo; el Babujal lo martirizaba[1] con un hambre espantosa.

Después de muchas quejas[2] y gemidos[3] de la víctima, el behíque se sintió cansado y decidió poner en práctica un método simple e irreverente con el cual expulsaría[4] al demonio[5] del sufrido[6] cuerpo de la víctima. Con varillas[7] de yaya, un bejuco[8] flexible y resistente, el sacerdote le pegó muchas veces al lagarto escondido en el enfermo hasta que, milagrosamente, al babujal no le quedó otro remedio[9] que escaparse para no seguir expuesto al doloroso castigo. El behíque se colocó en dirección hacia la gran cueva, donde originalmente había nacido su pueblo, para pedir permiso al espíritu del bien.

—¡Yayaaaa! ¡Yayaaaaa!— El curandero recitaba sus oraciones para asegurarse[10] de que tenía al dios poderoso del bien de su parte. Más humo y después más cuje,[11] hasta que el enfermo sintió que su cuerpo volvía a la normalidad. Comenzaba a tranquilizarse y había dejado de gritar.

—¡Se escapó el babujal! ¡Se fue al monte con los búhos y las jutías! —gritaba el curandero. Mientras tanto, sin dolores, el joven enfermo se dispuso por fin a buscar su propio alimento. Iría a sembrar la yuca con el corazón blanco y la piel negra, el alimento preferido de la tribu.

---

[1]**martirizaba** hacía sufrir [2]**quejas** lamentos [3]**gemidos** llantos [4]**expulsaría** echaría afuera [5]**demonio** espíritu malvado [6]**sufrido** con dolores [7]**varillas** cañas [8]**bejuco** liana [9]**no le quedó otro remedio** se vio obligado [10]**asegurarse** prevenir [11]**cuje** rama delgada y flexible

Y, aunque los lagartos de Cuba no fueran carnívoros, en la isla siempre se mantuvo un gran recelo[1] contra ellos porque en la tradición popular se sospechaba[2] que el Babujal podía esconderse bajo aquella piel verde y rugosa.[3]

EJERCICIOS

A. Conteste las siguientes preguntas:
1. ¿A quién le temían los aborígenes?
2. ¿Cómo trataban los indios al maligno?
3. ¿Qué figura tomaba el demonio?
4. ¿Dónde se introducía el lagarto?
5. ¿Quiénes eran los únicos que podían ver al demonio?
6. ¿Cuál era la responsabilidad principal de los behíques?
7. ¿Cómo se comportaba la persona poseída por el babujal?
8. ¿Qué hacía el sacerdote para curarlo?
9. ¿Qué alimentos pedía el enfermo?
10. ¿Cómo se llamaba el dios del bien?

B. ¿Qué opina usted?
1. Hay animales que deberían desaparecer.
2. Tener mucha hambre es señal de enfermedad.
3. La violencia física es una solución rápida a los problemas.
4. Todas las enfermedades son psicológicas.
5. Los curanderos pueden curar a los enfermos.

---

[1]**recelo** desconfianza [2]**se sospechaba** se imaginaba [3]**rugosa** con muchas marcas en la piel

C. Complete cada oración con una palabra de la lista:

búhos   tradición   carnívoros   huracán   oraciones
raíz   bejuco   maligno   preocupados dolores

1. Los indios le temían al _____.
2. La tormenta se llamaba _____.
3. El enfermo sentía _____ en el estómago.
4. Los vecinos estaban _____.
5. La yaya es un _____.
6. El curandero recitaba unas _____.
7. En el monte estaban los _____.
8. La leyenda forma parte de la _____.
9. Los lagartos no eran _____.
10. La yuca es una _____.

D. Seleccione el antónimo que corresponda a cada palabra de la primera columna.

1. maldad   a. novedad
2. aburrido   b. anormal
3. tradición   c. entretenido
4. normal   d. bondad
5. nacer   e. morir

La Cruz de la Parra

Las viejas leyendas son producto del asombro[1] de los seres humanos ante hechos[2] inexplicables. Estos misterios muchas veces tienen que ver con el origen de algún objeto venerado y su significado religioso. Así ocurrió con la Cruz de la Parra, cuya historia se conoció a principios de la colonización española. Esta cruz, hecha de una madera[3] desconocida entonces en la isla de Cuba, la encontraron los conquistadores cuando acamparon[4] en Baracoa, lugar de un caserío[5] indígena situado cerca de una hermosa playa. El Adelantado Diego Velázquez estaba al mando de la expedición. Era el año de 1512.

I

—Éste es el lugar que estábamos buscando —dijo el Adelantado—. La arena es muy suave y los barcos se pueden dejar cerca de la playa. Además, hay árboles y viviendas. Nos conviene quedarnos aquí porque los indígenas siempre viven donde hay fuentes de agua fresca.

—¡Arriba! ¡A buscar las cosas y ponerlas en tierra!— Los hombres comenzaron a correr hacia la orilla. Gritaban órdenes y conversaban entre ellos. Comenzaron a bajar los caballos y las herramientas de las barcazas. Encantados por la belleza de las playas, fundaron[6] una villa en aquel paraje[7]

---

[1]**asombro** sorpresa [2]**hechos** eventos [3]**madera** producto de un árbol [4]**acamparon** durmieron en el campo [5]**caserío** pueblo pequeño [6]**fundaron** establecieron [7]**paraje** lugar

habitado. Así nació Baracoa, ciudad que se encuentra en la costa norte del este de Cuba.

Mientras los recién llegados daban vueltas por el lugar buscando un buen sitio para fabricar un refugio con troncos y ramas, avistaron,[1] colocada sobre una parra[2] una cruz[3] de gran tamaño, construida en un estilo semejante al del arte religioso de la Edad Media europea. El arbusto[4] contenía una savia que calmaba la sed. Para los conquistadores, aquello parecía un milagro.[5]

—¡Que Dios nos bendiga! ¡Miren ustedes esa hermosa cruz, protegida por las ramas del arbusto! —gritaba el explorador más cercano al árbol. Habían llegado a una tierra desconocida y ya los estaban esperando.

Los asombrados tripulantes del barco y los soldados de Velázquez se arrodillaron con devoción ante la cruz. Hasta Fray Bartolomé de las Casas, a quien se le conocería más adelante como el protector de los indios, se mostró muy contento de este hallazgo[6] y celebró misas y procesiones con la cruz, pues se servía de ella para enseñar a los nativos la nueva religión.

—¡El Señor nos ha mandado un mensaje! ¡Nos estaba esperando antes de que llegáramos! ¡Es que quiere que fundemos aquí una ciudad española y que le adoremos en este lugar! —emocionados y agradecidos, los colonos rezaban con devoción.

Más tarde, uno de los tripulantes declaró haber visto la cruz que era transportada en una de las carabelas[7] de Colón, cuando lo acompañaba en uno de sus viajes. Era posible que Colón hubiera ordenado a sus hombres que desembarcaran[8] allí y dejaran la cruz para que bendijera[9] aquel verde paraíso[10] lleno de belleza y misterio. Con los años, la leyenda de los milagros de la Cruz de la Parra se extendió[11] hasta España y se recibían peticiones para que enviaran a

---

[1]**avistaron** vieron [2]**parra** planta de enredadera [3]**cruz** símbolo religioso [4]**arbusto** árbol pequeño [5]**milagro** algo inexplicable [6]**hallazgo** encuentro [7]**carabelas** antiguas embarcaciones ligeras [8]**desembarcaran** se bajaran del barco [9]**bendijera** consagrara [10]**paraíso** jardín místico [11]**se extendió** llegó

España astillas[1] de la cruz para guardarlas[2] como reliquia.[3] Aún hoy en día, se puede visitar la Cruz de la Parra en la iglesia de la ciudad más antigua de Cuba.

II

Unos años después de la llegada de los españoles, se pensó mudar[4] el poblado de Baracoa al lugar en que estaba la ciudad de Santiago de Cuba. Baracoa se encontraba demasiado expuesta a los ataques de piratas que merodeaban[5] por las costas cubanas. Mudar el poblado significaba, sobre todo, trasladar[6] los documentos de la casa del alcalde y también los objetos religiosos de valor. Los vecinos protestaron y hubo que desistir del empeño[7] porque la cruz era el símbolo de que Baracoa había sido el primer lugar de Cuba donde Cristóbal Colón había puesto los pies.

A pesar de que las autoridades les habían dado la razón a los que protestaban, permitiéndoles que la cruz quedara en su sitio, los pobladores de Santiago de Cuba lograron robársela[8] de la parroquia de Baracoa y se la llevaron a la flamante[9] ciudad de Santiago, que ya tenía una catedral. Un grupo de vecinos planeó introducirse en la iglesia de Baracoa con una llave robada y tomar en silencio la reliquia del altar.

—Cuando el camino esté oscuro, dos de nosotros abrimos la puerta de la iglesia con la llave y después, los demás nos siguen para ayudarnos a bajar la cruz del altar—. Los vecinos de Santiago se quitaron los zapatos para no hacer ruido. En la oscuridad de la noche, con la luz de la luna que entraba por una ventana, tomaron el objeto sagrado y se marcharon en silencio.

---

[1]**astillas** fragmentos de madera [2]**guardarlas** preservarlas [3]**reliquia** objeto milagroso [4]**mudar** cambiar de lugar [5]**merodeaban** daban vueltas [6]**trasladar** transportar [7]**desistir del empeño** abandonar el proyecto [8]**robársela** llevársela sin pagar y sin permiso [9]**flamante** nueva y resplandeciente

Intrigados y molestos[1] por el misterio de la desaparición, los de Baracoa no se dieron por vencidos. Buscaron por todas partes, hasta que, al fin, un muchacho de diez años descubrió una figura de madera entre las ramas de un árbol.

—¿Será una culebra o una cruz? —se preguntaba el muchacho que miraba con ojos brillantes hacia las ramas de los árboles—. Voy a subir muy despacio para no mover el árbol—. Iba lentamente hacia arriba y no podía creer sus propios ojos cuando se encontró de cara a cara con la querida reliquia.

El pueblo estaba casi paralizado porque los vecinos, que también eran los policías, se habían dedicado por varios días a buscar en las casas de Baracoa y en los alrededores de Santiago, por los atajos[2] y las guardarrayas.[3]

—¡Venid, vecinos! ¡Un milagro otra vez! —gritó el niño con alegría. El niño estaba sentado en una rama con la cruz en la mano—. ¡La Cruz de la Parra ha vuelto a esconderse en los árboles!

Los vecinos no lo podían creer. El niño de diez años, con su mirada experta de cazar pájaros en el monte, había descubierto la posición del objeto. Cuando los vecinos llegaron, cargaron la cruz entre gritos de alegría y también se llevaron al niño en hombros. De esta manera, acompañada por una procesión de vecinos, regresó la cruz a Baracoa donde aún sigue colocada en el altar de la iglesia para que los visitantes la puedan contemplar.

EJERCICIOS

A. Conteste las siguientes preguntas:
1. ¿Dónde encontraron la cruz los conquistadores?
2. ¿Cómo se llamó la ciudad que fundaron los españoles?
3. ¿Cómo era la cruz?

---

[1]**molestos** enfadados [2]**atajos** caminos más cortos [3]**guardarrayas** caminos entre los sembrados

4. ¿Qué hicieron los hombres al ver la cruz?
5. ¿Para qué servía el arbusto donde encontraron la cruz?
6. ¿Qué hizo el Padre las Casas?
7. ¿Dónde habían visto la cruz anteriormente?
8. ¿Qué mandaban a pedir los nobles de España?
9. ¿Cómo conservaron la cruz?
10. ¿Por qué querían mudar la ciudad de Baracoa?
11. ¿Dónde descubrió el muchacho la cruz?

B. ¿Qué opina usted?
1. El arte es importante para la civilización.
2. La religión preocupaba mucho a los españoles.
3. Cada pueblo debe tener un símbolo que lo represente.
4. Las ciudades antiguas son las más importantes.
5. Los niños son útiles a la sociedad.

C. Complete cada oración con una palabra de la lista:

| astilla | robaron | indígena | carabela | tripulantes |
| flamante | pájaros | piratas | arbusto | merodeaban |

1. Baracoa fue originalmente un caserío _____.
2. Los piratas _____ por la costa.
3. La parra es un _____.
4. Colón viajó en una _____.
5. En los barcos viajan los _____.
6. Un pedazo de madera pequeño se llama una _____.
7. Los santiagueros _____ la cruz.
8. La ciudad estaba expuesta a ataques de _____.
9. Santiago de Cuba era una ciudad _____ porque estaba recién construida.
10. El niño cazaba _____.

D. Seleccione la palabra que no pertenezca al grupo.
1. madera, indígena, cruz, reliquia
2. arbusto, refugio, rama, árbol
3. muchacho, misa, catedral, parroquia
4. barco, tripulante, carabela, misterio
5. caserío, ciudad, documento, poblado

La luz de Yara

Nadie recuerda cuándo los españoles fundaron el pueblo de Yara. En realidad, ya estaba allí cuando llegaron los súbditos de Isabel y Fernando y se encontraron con los primeros habitantes, los indígenas. Por ser una población tan antigua, Yara ha tenido un papel destacado en varios momentos importantes de la historia de Cuba. Antes de comenzar la colonia, era la capital de un cacicato[1] gobernado por el jefe Macaca. Allí se dirigió el cacique[2] Hatuey cuando desembarcó de su canoa, proveniente[3] de la isla de La Española, donde hoy se encuentran Haití y la República Dominicana. Su propósito era avisar[4] a sus congéneres[5] de que los blancos venían con malas intenciones y que habían cometido muchos crímenes en su isla. Después de ser apresado[6] por los conquistadores que lo perseguían,[7] Hatuey fue condenado a morir quemado[8] en la hoguera.[9] Ése fue el castigo[10] que se le impuso[11] por su rebelión contra los europeos.

Cuando los soldados preparaban la hoguera, se le acercó a Hatuey un anciano fraile[12] para convencer al cacique a que se convirtiera[13] al cristianismo antes de morir; al perdonársele sus pecados conseguiría entrar al paraíso. Hatuey quiso saber un poco más de aquella región lejana y maravillosa donde se prometía[14] que todos los hombres serían libres[15] y vivirían felices.

---

[1]**cacicato** territorio gobernado por un cacique   [2]**cacique** jefe de una tribu
[3]**proveniente** que viene de   [4]**avisar** alertar   [5]**congéneres** del mismo origen
[6]**apresado** privado de su libertad   [7]**perseguían** seguían por todas partes   [8]**quemado**
destruido con fuego   [9]**hoguera** fuego   [10]**castigo** daño   [11]**impuso** asignó   [12]**fraile**
miembro de una orden religiosa   [13]**se convirtiera** cambiara (de religión)   [14]**prometía**
daba su palabra   [15]**libres** sin restricciones

—¿Es muy hermoso el cielo? —le preguntó Hatuey al sacerdote que se llamaba Fray Bartolomé de las Casas.

—Sí, muy hermoso —le contestó éste—, puesto que allí está Dios.

—¿Van al cielo los españoles? —volvió a preguntar el cacique.

—Sí —le respondió el fraile—, los que son buenos.

—Pues, entonces, yo no quiero ir al cielo porque ni en el cielo quiero vivir con ellos —fue la respuesta del condenado.

Ése fue el último gesto de rebeldía del valiente cacique. Al momento, dieron la señal del sacrificio y se le acercaron los soldados, pero ya Hatuey se lanzaba[1] por sus propios pies a la hoguera. Era el 10 de octubre de 1513. Así moría Hatuey, entre las llamas.

—¡Aaaaaahhhhhhhh! —gritaba Hatuey, sacudido por el dolor.

—¡Al fin lo atrapamos! Sí que era peligroso ese cacique. . . ¿No creen que vuelva a perseguirnos después de morir? —comentaban los soldados españoles.

—Decía cosas muy extrañas que nadie entendía, sólo los indios que están escondidos en los matorrales. Pero ellos también aprenderán con este ejemplo —añadió un capitán.

Algunos soldados se habían sentado y conversaban en voz baja. Mientras aquellos soldados miraban las llamas que ardían con fuerza, el cuerpo del prisionero se hacía cenizas. A partir de ese momento, la leyenda de Hatuey corrió de boca en boca. Muchos afirmaron después haber visto una luz muy tenue[2] y misteriosa, un resplandor[3] que vagaba errante[4] por aquellas llanuras[5] de Yara. Todos creían que esa luz nunca desaparecería, pues siempre estaría esperando la venganza de Hatuey, la hora de su regreso.

Aún hoy en día, cuando los vecinos de Yara perciben ese resplandor amarillento[6] que parece flotar en el ambiente,[7]

---

[1]**se lanzaba** se echaba   [2]**tenue** muy ligera   [3]**resplandor** luz que sale de todas partes
[4]**vagaba errante** daba vueltas sin un rumbo fijo   [5]**llanuras** tierras planas   [6]**amarillento**
de color amarillo   [7]**ambiente** aire

sienten el temor de que se les esté enviando una señal para avisarles de que una gran catástrofe se acerca.

EJERCICIOS

A. Conteste las siguientes preguntas:
1. ¿Qué era Yara antes de la llegada de los españoles?
2. ¿De dónde vino el cacique Hatuey?
3. ¿Cuál era el propósito de Hatuey?
4. ¿A qué religión quería el sacerdote que se convirtiera Hatuey?
5. ¿Cuál era la condición que debía cumplir Hatuey?
6. ¿Qué preguntó Hatuey?
7. ¿Qué le contestó el sacerdote?
8. ¿A qué conclusión llegó Hatuey?
9. ¿Qué castigo sufrió Hatuey?
10. ¿En qué fecha murió el cacique?
11. ¿Cómo era la luz que apareció después de su muerte?

B. ¿Qué opina usted?
1. Los indios siempre recibieron bien a los europeos.
2. La pena de muerte es necesaria.
3. Debemos saber más sobre las costumbres de los indios.
4. La guerra es un crimen.
5. El gobierno debe elegir la religión de cada pueblo.

C. Indique si cada oración es verdadera o falsa.
1. Hatuey era amigo de los españoles.
2. El cacique tenía miedo de morir.
3. Los indios de distintas islas se comunicaban.
4. Hatuey quería saber más sobre el cristianismo.
5. Fray Bartolomé de las Casas persiguió a Hatuey.
6. Hatuey era pescador.
7. Hatuey fue ejecutado en primavera.
8. El juicio de Hatuey duró más de un año.
9. Los indios de Cuba conocían a Isabel y Fernando.
10. Una princesa española vino a casarse con Hatuey.

D. Seleccione el sinónimo que corresponda a cada palabra de la primera columna.

1. cometer   a. sujeto
2. acercarse   b. corrección
3. fraile   c. encontrar
4. súbdito   d. luz
5. venganza   e. compatriotas
6. conseguir   f. hacer
7. resplandor   g. religioso
8. llamas   h. daño
9. castigo   i. fuego
10. congéneres   j. aproximarse

Isabel de Bobadilla

La exploración y conquista de las tierras[1] de América por parte de España evoca[2] en el lector la imagen de intrépidos y ambiciosos soldados a caballo que se lanzaban[3] a explorar y después colonizar imperios gigantescos. Pero los hombres no llegaron solos; las mujeres también desempeñaron un papel[4] importante en la conquista. Algunas veces se disfrazaban[5] de soldados para acompañar a sus esposos, pero, en otras circunstancias, seguían manteniendo sus familias y hogares mientras que los hombres continuaban la exploración, atizados[6] por la fiebre del oro y las piedras preciosas.[7] Isabel de Bobadilla, nacida en España, fue una de aquellas esposas valientes que vieron perderse su felicidad tras los inestables[8] confines del mar.

Desde muy pequeña, Isabel formó parte de la nueva empresa emprendida por España después de terminar la Reconquista. Su padre, Pedro Arias Dávila, fue nombrado por los Reyes Católicos para que acompañara a Balboa en la expedición que llegó al territorio que se convertiría después en las naciones de Panamá, Honduras y Nicaragua. Isabel partió[9] junto a sus padres y hermanos hacia el golfo de Darién en Panamá hacia 1514. En esa misma expedición se iba también un joven de apenas catorce años, el valiente Hernando de Soto, aprendiz[10] de soldado y paje[11] del padre de Isabel.

---

[1]**tierras** territorios [2]**evoca** despierta [3]**se lanzaban** se aventuraban [4]**desempeñaron un papel** hicieron un papel [5]**se disfrazaban** se ponían disfraces [6]**atizados** empujados [7]**piedras preciosas** fragmentos de minerales [8]**inestables** que cambian mucho [9]**partió** se marchó [10]**aprendiz** que está aprendiendo [11]**paje** joven sirviente

Joven y pobre conoció la pequeña Isabel a Hernando, quien iba en el barco que llevaba al gobernador y su corte. Una tarde, la niña se sentó a escribir mientras el viento le revolvía el pelo. Sus hermanas jugaban a su alrededor. Hernando la miraba con curiosidad desde una esquina.

—¡Hernando! ¡Hernando! —los otros pajes lo buscaban mientras el jovencito observaba cómo la hija del gobernador escribía en su diario las nuevas experiencias del viaje. Tenía el cabello rubio y llevaba un vestido con el cuello alto y las mangas largas y estrechas.

"Seguro que no le gusta el mar", pensaba Hernando. "Por eso se pone a escribir."

Él se había criado lejos del agua y ahora viajaba sin sus padres, a comenzar una vida nueva.

—¡Hernando! —esta vez era Isabel quien le hablaba—. ¿Me quieres traer otra pluma? Ésta ya no escribe y mi padre no quiere que ande caminando por la cubierta—. La chica lo miraba con ojos grandes e inocentes. Hernando salió de su escondite y se dirigió[1] hacia la cabina del gobernador.

Los dos siguieron compartiendo la intimidad familiar por varios años y comenzaban a enamorarse cuando Isabel tuvo que regresar a España, inesperadamente. Sin que Hernando se enterara[2] hasta después de su partida, Isabel le había dejado una frase escrita en un libro. En la primera página decía: "Te esperaré toda la vida".

En 1535, Hernando, con treinta y cinco años, se dirigía de nuevo a Madrid, esta vez para pedir la mano de Isabel. Rico y admirado por todos, Hernando de Soto venía de pelear en el Perú junto con los hermanos Pizarro.

Después de efectuarse el matrimonio, la pareja[3] se fue a vivir a Sevilla. Y, el 6 de abril de 1538, Hernando de Soto, el nuevo gobernador de Cuba y Adelantado de la Florida, y su esposa, se lanzaron al mar en una nueva expedición que,

---

[1]**se dirigió** siguió una dirección   [2]**se enterara** supiera   [3]**pareja** dos personas

deteniéndose[1] un tiempo en la isla de Fernandina, como se llamaba Cuba entonces, se encaminarían hacia la Florida.

La ciudad de Santiago de Cuba, que entonces contaba con doscientas casas, recibió con grandes festejos[2] al gobernador de Soto y a su esposa Isabel. Después de seguir hacia La Habana, Hernando se marchó hacia el norte e Isabel se quedó de gobernadora de Cuba. Su misión era hacer cumplir las órdenes de su marido hasta que éste regresara de la Florida. Tenía una idea muy clara de lo que le tocaba hacer. Así le decía a una de sus damas de compañía que no se acostumbraba al clima caluroso del trópico:

—La vida con mi padre me enseñó mucho acerca del gobierno en las nuevas colonias. Seré la mano derecha de mi marido en la retaguardia.[3] Mis esfuerzos permitirán que él nunca se quede sin provisiones ni ayuda.

—¿No tiene miedo la Gobernadora de todos estos animales extraños que se oyen en la oscuridad? —le preguntó la mujer mientras se echaba aire en la cara—. ¿No le asustan las intrigas de los colonos que no querrán obedecer las órdenes del Gobernador?

—No, mi esposo me necesita —le contestó Isabel—. No puedo dejarlo solo. Tenemos que ayudarlo desde aquí. Yo estoy ocupando su lugar.

Pasaban los días e Isabel seguía enviando[4] hombres y provisiones a la Florida, para que Hernando continuara la marcha. La señal del regreso del Adelantado sería una fogata encendida en la nave capitana para que Isabel pudiera distinguir desde muy lejos la presencia de los expedicionarios.

Durante los próximos cuatro años que siguieron a la partida de Hernando, podía observarse la esbelta[5] figura de Isabel de Bobadilla erguida[6] junto al muro del Castillo de la Fuerza, erigido[7] por su esposo para defender la ciudad de la

---

[1]**deteniéndose** pasando [2]**festejos** fiestas [3]**retaguardia** el lugar que queda atrás
[4]**seguía enviando** continuaba procurando [5]**esbelta** delgada [6]**erguida** de pie
[7]**erigido** levantado

Habana de las invasiones de piratas. Sus ojos escudriñaban[1] el horizonte esperando encontrar la nave que trajera de vuelta[2] al único hombre a quien había amado en su vida.

—Yo sé que va a regresar pronto —se decía mientras su mirada recorría el horizonte buscando las señales de humo—. Hernando no se dejará vencer.

—Sí, mi señora. Él le traerá más gloria a España. Está recorriendo esas tierras lejanas que ningún europeo había pisado antes —le aseguraban las damas. Nadie perdía la ilusión, ni siquiera los que contemplaban a Isabel de pie al lado de la muralla. La admiraban en secreto por su valentía y el amor que le tenía a su esposo.

Mientras tanto, el Adelantado de Soto vivía la experiencia más terrible y más grandiosa que hubiese conocido hasta entonces. Subiendo hacia el norte, exploró los territorios de lo que son hoy la Florida, Georgia, las Carolinas, Alabama, llegando hasta Texas. Cuando avistó por primera vez las aguas del río Misisipí, "el padre de las aguas", de Soto comprendió que su nombre aparecería en las crónicas de la Conquista, unido para siempre a la historia de ese inmenso río. Allí, en sus cercanías, fue que murió de fiebre el explorador, a los cuarenta y cinco años. En el pecho llevaba escondida una sarta[3] de perlas que había guardado para entregarle a su esposa.

En La Habana, Isabel seguía esperando. Sus ojos iban perdiendo la vista poco a poco por el efecto del sol y el salitre.[4] No se enteró de la muerte de Hernando hasta un año más tarde del día en que ocurrió. Llena de tristeza ante la fatalidad que había separado sus destinos, la gobernadora de Cuba murió poco tiempo después.

---

[1]**escudriñaban** veían detenidamente   [2]**trajera de vuelta** devolviera   [3]**sarta** collar
[4]**salitre** sal

EJERCICIOS

A. Conteste las siguientes preguntas:
1. ¿Quién era el padre de Isabel?
2. ¿Adónde llegó la familia de Isabel?
3. ¿Cuántos años tenía Hernando cuando salió de España?
4. ¿Dónde luchó antes de regresar a Madrid?
5. ¿Cuándo salió la expedición hacia Cuba y la Florida?
6. ¿Cómo ayudaba Isabel a su marido que estaba en la Florida?
7. ¿Cuánto tiempo estuvo Isabel esperando a Hernando?
8. ¿Dónde lo esperaba?
9. ¿Qué territorios exploró el Adelantado?
10. ¿Dónde murió Hernando de Soto?

B. ¿Qué opina usted?
1. Las mujeres pueden ser exploradoras.
2. La familia nunca se debe separar.
3. La ambición puede llevar a un fin inesperado.
4. Los viajes traen demasiados peligros.
5. El amor verdadero no existe.

C. Complete cada oración con la palabra adecuada.
1. La colonización fue llevada a cabo por _____.
   a. pajes   b. soldados   c. reyes
2. Isabel estuvo _____ a la nueva empresa desde niña.
   a. unida   b. negada   c. separada
3. El padre de Isabel fue nombrado _____.
   a. gobernador   b. soldado   c. adelantado
4. Isabel le prometió a su esposo que lo _____.
   a. seguiría   b. esperaría   c. defendería
5. Hernando regresó del Perú _____.
   a. pobre   b. aprendiz   c. rico
6. Hernando quería _____ su nombre en alto.
   a. poner   b. escudriñar   c. enviar
7. La gobernadora lo esperó en el _____.
   a. barco   b. hogar   c. muro
8. Hernando e Isabel tuvieron que _____ en Cuba.
   a. ocuparse   b. perderse   c. detenerse

9. Isabel quedó muy triste después de la _____ de Hernando.
   a. partida   b. llegada   c. expedición
10. La Gobernadora hizo _____ las órdenes de su esposo.
    a. cumplir   b. enfrentar   c. atizar

D. Seleccione el antónimo que corresponda a cada palabra de la primera columna.

1. ocupar	a. cobarde
2. permitir	b. partida
3. fácil	c. difícil
4. festejo	d. ignorar
5. valiente	e. alegría
6. aprendiz	f. suelto
7. enterarse	g. desocupar
8. tristeza	h. duelo
9. amarrado	i. especialista
10. regreso	j. prohibir

El conejo

Esta leyenda, de origen lucumí[1] o congolés, es un ejemplo de las creencias religiosas de los pueblos africanos que se trajeron como esclavos a la isla de Cuba durante el período colonial. Para esos pueblos, durante la creación se les había permitido a los animales hablar con las divinidades. Naturalmente, esto ocurría antes de que los hombres invadieran el mundo. Según estas leyendas, los animales se comunicaban entre ellos y a veces hasta sugerían algunos cambios que podían hacerse para mejorar el mundo.

Un día, el conejo, un animal muy ágil y despierto,[2] se paseaba por entre los árboles y observaba a los otros animales. A pesar de su rapidez, el conejo se sentía fastidiado[3] por su pequeño tamaño. Sabiéndose incapaz de llegar a la altura del elefante, la jirafa o el camello, el animalito llegó a la conclusión de que quedaría satisfecho si alcanzaba el tamaño del chivo,[4] un animal a quien también le gustaba correr y dar saltos. El conejo llamó a Dios y, dándole las gracias por haberle dado pelos y cuatro patas, aunque dos fueran más largas, le rogó que le permitiera crecer un poco más para parecerse al chivo.

Dios, preocupado porque otros animales podrían venir y pedirle más modificaciones en el diseño original de la creación, le dio al conejo una tarea casi imposible de

---

[1]**lucumí** del África central   [2]**despierto** listo, inteligente   [3]**fastidiado** de mal humor
[4]**chivo** carnero, cabra joven

cumplir, con la esperanza de que no regresara a importunarlo[1] otra vez.

—Conejo —le dijo—, consíguete[2] una pluma del águila, un colmillo[3] del león y una uña del majá.[4] Cuando me los traigas, te aumentaré de tamaño.

—¿Eso es todo lo que tengo que hacer? —preguntó el conejo con gesto de asombro.

—¡Vamos a ver si lo puedes lograr! —le respondió Dios.

El diminuto animal salió esperanzado a cumplir su tarea. Se acercó a una planta de calabaza,[5] le cortó un pito —que era como una flauta, con el centro vacío— y subió a la cima[6] de una montaña.

—¡Fííííí! ¡Fíííííííííí! —el conejo soplaba el pito sin parar. Entonces, se apareció el águila con una expresión de pocos amigos.

—¿Por qué haces tanto ruido haciendo sonar ese pito? ¿No ves que esta región me pertenece?[7] ¿Cómo te atreves?[8]

—Éste es un pelo de mi cuerpo que hago sonar una vez al día. Con este sonido llamo a los animales de los que me alimento. Pero, la verdad es que yo no quiero comérmelos ni atacarlos. Soy un animal simpático. Sólo me interesa que me respeten.

—¡Ja, ja, ja! —se rió el águila—. ¿Y cómo te van a respetar a ti, que eres tan pequeño?

—Bueno, con una pluma tuya que me des sería suficiente. Si me regalas una de esas bellas plumas, yo te la cambio por mi pelo musical. Te lo sembraré en el lugar de la pluma, para que tú también puedas tener música.

El águila no lo pensó dos veces. Se arrancó una linda pluma del ala[9] derecha y se la entregó al conejo, quien le dio a cambio el pito de calabaza.

Pasaron dos días, y el águila nunca oyó ni un sonido salir de aquel pelo verde. Ya para entonces, el conejo se había

---

[1]**importunarlo** molestarlo [2]**consíguete** obtente, búscate [3]**colmillo** diente agudo
[4]**majá** reptil [5]**calabaza** fruto amarillo y redondo [6]**cima** extremo superior [7]**pertenece**
que es propio de alguien [8]**te atreves** tomas el riesgo [9]**ala** extremidad para volar

escondido entre los matojos[1] del monte en busca del rastro del majá. El majá, que en aquel tiempo todavía tenía patas, escuchó fascinado el sonido del pito de calabaza.

—¿No te gustaría tener un pito que sonara igual que éste? —le preguntó el conejo.

—Sí —le contestó el reptil—, pero, ¿en qué parte del cuerpo me lo voy a poner?

—¿Qué tal si me das la uña y yo te coloco el pito en su lugar? Se te vería muy bien en el extremo de la pata.

El majá se dejó arrancar la uña y recibió el pito de calabaza a cambio. Enseguida, mientras se revolcaba[2] en el suelo de dolor, vio cómo el conejo desaparecía corriendo entre las yerbas.[3]

Al amanecer, cuando el león salía de su cueva, escuchó el escándalo del pito de calabaza que el conejo soplaba con todas sus fuerzas.

—¡Fíííííííííí! ¡Fíííííííííí!

—¿Qué ruido es ése? ¿Cómo te atreves? ¿No ves que esta región me pertenece?

—Estaba llamando a los animales de los que me alimento cuando no encuentro retoños[4] y raíces para comer —le contestó el conejo—. Pero, en realidad, lo que quisiera es que los animales me respeten. Para ello, sólo necesito uno de tus colmillos.

—¿Yo darte un colmillo a ti? ¿Y qué me darás tú a cambio? —le preguntó el león medio enojado.[5]

—Bueno, tú te quedas con este pelo sonoro.[6] No te hará falta el colmillo porque el pelo, además de sonar, te servirá para llevarte el alimento con facilidad a la boca.

Como a todos nos gusta que la comida nos entre en la boca sin mucho esfuerzo, el león soltó el colmillo sin pensar. El conejo lo tomó y se lanzó a correr.

---

[1]**matojos** plantas silvestres [2]**se revolcaba** se echó en el suelo y daba vueltas en él [3]**yerbas** plantas que crecen en todas partes [4]**retoños** tallos nuevos [5]**medio enojado** un poco enfadado [6]**sonoro** que suena

El conejo llegó con su carga de la uña, la pluma y el colmillo donde estaba Dios, quien lo recibió con gran sorpresa.

—¡Conejo! —le dijo—. Si tú, con ese cuerpecito esmirriado[1] puedes conseguir tanto, ¿qué no haría si fueras del tamaño de un chivo? ¡Imposible! ¡No necesitas ser más grande!

Al escuchar la respuesta de Dios, el conejo se dio la vuelta para marcharse. Iba triste y sin dirección. Entonces, el Altísimo sintió lástima[2] de él y le tiró de las orejas, las cuales se volvieron enormes de tanto estirarse. Después, le amonestó[3] diciendo:

—Confórmate con estas orejas largas, que no te hace falta más tamaño.

Y así fue cómo el conejo consiguió sus orejas largas.

EJERCICIOS

A. Conteste las siguientes preguntas:
  1. ¿De dónde proviene la leyenda de las orejas del conejo?
  2. ¿Cuáles eran las cualidades del conejo?
  3. ¿Por qué el conejo no era feliz?
  4. ¿Qué le dijo Dios?
  5. ¿Quién fue el primer animal con quien se encontró el conejo?
  6. ¿Qué hizo el conejo cuando el águila le dio la pluma?
  7. ¿Dónde vivía el león?
  8. ¿En qué parte del cuerpo tenía el colmillo?
  9. ¿Qué sintió Dios cuando vio que el conejo estaba triste?
  10. ¿Qué parte del cuerpo del conejo aumentó de tamaño?

---

[1]**esmirriado** delgado   [2]**lástima** piedad, compasión   [3]**amonestó** regañó

B. ¿Qué opina usted?
1. Uno no debe tratar de cambiar.
2. Los animales pequeños son más bonitos que los grandes.
3. El engaño está permitido si se consigue lo que se desea.
4. La gente nunca está contenta con lo que tiene.
5. Las orejas del conejo son muy hermosas.

C. Llene el espacio en blanco con las cualidades apropiadas.
1. El conejo es un animal _____ y _____.
2. El águila tenía una expresión _____.
3. El pito de calabaza era de color _____.
4. Las plumas del águila eran _____.
5. El conejo le dijo que el pelo era _____.

D. Escriba el sinónimo de las siguientes palabras:
1. rogar
2. tarea
3. satisfecho
4. importunar
5. pelo
6. rastro
7. suficiente
8. matojo
9. oír
10. esfuerzo

Los güijes

En la región de Sancti-Spíritus se encuentra el río Yayabo. Cerca de esta antigua población aparecieron los últimos güijes en el siglo XIX. Se decía que estos seres adquirían formas fantásticas, entre ellas las de pez, mono, deidad[1] india y diablito negro. Los güijes siempre vivían en las aguas, pero salían de ellas inesperadamente para sorprender a los que se acercaran desprevenidos[2] a la orilla. Los siboneyes, los primeros habitantes de Cuba, se imaginaban a los güijes con figuras de indios diminutos de cabellera[3] muy larga, como la corriente de un río. Jugue-tones[4] y traviesos,[5] los güijes reflejaban la pasión de los indios de las Antillas por el agua y los baños. Más adelante, los güijes se con-virtieron en pequeños monstruos de uñas poderosas y dientes afilados y con la piel brillante y sin pelos. También bailaban con saltos y gritos y mostraban una conducta exagerada.

Cuentan que en Sancti-Spíritus hubo una vez una joven muy hermosa y altanera,[6] esclava en la casa de un hacendado del lugar. Esta niña con un rostro[7] de óvalo perfecto, la piel oscura como el chocolate y los ojos alegres y expresivos, despreciaba a otras jóvenes de su condi-ción porque no tenían su belleza. Así, indiferente a los demás, vivía ocupada en los asuntos de su ama.[8] Un día, mientras iba a llevar un recado,[9] Jacinta, que así se llamaba esta joven morena, se sentó a orillas del río Yayabo para

---

[1]**deidad** dios [2]**desprevenidos** sin estar preparados [3]**cabellera** pelos en la cabeza
[4]**juguetones** que les gusta jugar [5]**traviesos** que hacen bromas [6]**altanera** orgullosa
[7]**rostro** cara [8]**ama** dueña [9]**recado** mensaje

descansar. De pronto, vio una cabecita negra que salía de las aguas. La cabecita la estaba llamando con una voz aguda y desagradable.

—¡Jacinta! ¡Qué bonita estás! ¡Qué linda blusa de colores te has puesto! ¿Es verdad que eres la morena más bonita de Sancti-Spíritus? —la cabeza volvía a entrar y salir del agua.

—¿Quién eres tú? —le preguntó Jacinta—. ¡No te conozco! Estás muy sucio y me vas a mojar la blusa con tus brazadas[1] contra la corriente.

Jacinta estaba nerviosa y molesta porque aquella extraña criatura con la piel lisa como la de un pez y las uñas largas y encorvadas le estaba hablando y haciendo comentarios sobre su apariencia. Ella no lo había visto antes. Se levantó y salió caminando con indiferencia. La criaturita negra y mojada se sumergió y todo quedó en silencio en la orilla del río.

De pronto, sobre el agua se vio algo que se movía lentamente. Relucía[2] sobre la superficie. Jacinta lo miraba y le parecía que era una planta arrastrada[3] por la corriente. Se le acercaba más y más.

—¡Horrible monstruo, échate para allá! ¡Eres feo y repelente! —gritaba Jacinta.

—¡Ven aquí, Jacinta! ¡Mira qué limpia y fresca está el agua! ¡Acércate a mí para ver tus ojos! —le sugería el güije.

Jacinta estaba confusa. Aquello parecía un pez transparente, como hecho de agua gelatinosa.[4] La corriente lo acercó a la orilla y Jacinta lo vio de cerca. Reflejado en el agua, el cabello rizado de la joven contrastaba con la espuma de los remolinos.[5] De pronto, surgió[6] del agua aquella masa pegajosa[7] que se abrazó a Jacinta.

—¡Auxilio! ¡Ayúdenme! ¡Me arrastran hacia el río! ¡Voy a ahogarme! ¡No sé nadar! —Jacinta lloraba y trataba de escapar. El abrazo del güije le impedía soltarse.[8]

---

[1]**brazadas** movimientos de los brazos   [2]**relucía** brillaba   [3]**arrastrada** llevada a la fuerza
[4]**gelatinosa** de substancia blanda   [5]**remolinos** movimientos del agua que gira   [6]**surgió** salió rápido   [7]**pegajosa** que se adhiere   [8]**soltarse** escapar

El cuerpo delicado de Jacinta ya no podía verse. Estaba envuelto en unos brazos largos de color verde como las algas del fondo del río. Se hundía[1] en los remolinos y sus gritos se hacían más débiles hasta que ya sólo se le veían las manos y parte del rostro con los ojos abiertos de espanto.[2] El güije se la llevaba al fondo del río donde murió, castigada por su orgullo y falta de compasión hacia los demás.

EJERCICIOS

A. Conteste las siguientes preguntas:
1. ¿Cómo se llama la ciudad cerca del río Yayabo?
2. ¿Dónde vivían los güijes?
3. ¿A quién sorprendían?
4. ¿Qué formas tomaban estas criaturas acuáticas?
5. ¿Cómo era Jacinta?
6. ¿Cómo bailaban los güijes?
7. ¿Por qué Jacinta despreciaba a las otras esclavas?
8. ¿Qué iba a hacer Jacinta cerca del río?
9. ¿Cómo era el cuerpo que ella vio en el río?
10. ¿Qué le ocurrió a Jacinta al acercarse a la orilla?

B. ¿Qué opina usted?
1. El juego forma el carácter de los individuos.
2. Nunca ha habido esclavos en los Estados Unidos.
3. La belleza en la mujer determina su manera de vivir.
4. En las ciudades y pueblos norteamericanos ya no existen leyendas.
5. No es necesario aprender a nadar.

---

[1]**se hundía** iba hacia abajo [2]**espanto** terror

C. ¿Cuáles son las letras que faltan?

1. disting_ir_e
2. es_a_to
3. atre_ido
4. es_la_a
5. a_ _astr_ba
6. c_b_ _a
7. a_ _l_ _o
8. ba_ _s
9. c_b_ _ _era
10. jug_ _tones

D. Seleccione la palabra que corresponda a la definición.

antiguo   desprevenido   altanera   cara   habitar
deidad   molesta   arrastrar   hundirse   cruzar el camino

1. Un mueble muy <u>viejo</u>
2. Dios o <u>figura</u> mitológica
3. <u>Ir</u> hacia abajo
4. <u>Encontrarse</u> algo o alguien
5. <u>Parte</u> de la cabeza donde están los ojos
6. <u>Vivir</u> en un lugar
7. <u>Persona</u> muy orgullosa
8. Una persona que está <u>enojada</u>
9. Cuando uno se <u>sorprende</u> de algo
10. <u>Llevar</u> a alguien a la fuerza

8

El aura blanca

No ocurre todos los días que la muerte de un fraile, aunque sea fran-
ciscano, quede impresa en la memoria de una ciudad, por pequeña que
ésta sea. Fray José de la Cruz Espit (el padre Valencia) fue uno de
estos casos excepcionales. Muerto en la ciudad de Puerto Príncipe, hoy
Camagüey, en 1838, este humilde valenciano dedicó la mayor parte
de su vida a hacer el bien entre sus semejantes.

Los que más despertaban la compasión del padre eran los leprosos.
Estos pobres enfermos iban perdiendo las carnes[1] de las extremidades
al mismo tiempo que la cara se les desfiguraba[2] horriblemente. No es
difícil imaginar el temor y la repugnancia[3] con que los vecinos en buen
estado de salud percibían la presencia de uno de aquellos infelices que
deambulaban por las calles. Muchos de ellos preferían vivir escondidos
en algún rincón[4] para que no los perturbaran.

El único que se ocupaba de los leprosos era el padre Valencia. Los visitaba en sus tugurios[5] infestados y los
ayudaba y consolaba con gran valor y caridad. Tanto
era así, que un día se disfrazó de pordiosero[6] lanzándose a la
calle a pedir limosna para fundar un lazareto[7] donde
pudieran vivir los enfermos. Y, aunque parezca mentira, el
hospital se llegó a construir y se convirtió en un modelo para
el resto de la isla.

---

[1]**carnes** músculos [2]**desfiguraba** cambiaba de apariencia [3]**repugnancia** rechazo
[4]**rincón** esquina [5]**tugurios** casas en malas condiciones [6]**pordiosero** persona que
pide limosna [7]**lazareto** hospital para leprosos

Cuando murió el padre Valencia, comenzó una situación económica muy mala que puso a ricos y pobres en difíciles circunstancias. Pero, de todos, los que más sufrían seguían siendo los leprosos, abandonados a su suerte en el hospital, sin alimentos ni atención.

—¿Qué va a ser de nosotros? —se preguntaban—. Sin el padre Valencia, nadie nos traerá de comer. La gente nos dejará solos para que muramos poco a poco. Ellos tienen que pensar en su comida ante todo.

—Si el padre Valencia estuviera aquí, no sucedería esto —comentaban entre ellos.

—¿Cómo es posible que nuestro protector nos haya abandonado de esta manera cuando más lo necesitábamos? —se lamentaban todos.

Ya ni podían visitar a sus familias fuera del hospital. Los enfermos iban debilitando lentamente. Ya casi no podían caminar, ni siquiera para ir a pedir limosna en los alrededores. Tirados[1] por el suelo sin siquiera un pedazo de pan para comer, los enfermos contemplaban cómo se posaban sobre el techo[2] del hospital las negras y repulsivas auras tiñosas, aves de rapiña cubanas que se acercan a los lugares cuando sienten el olor de la carroña.[3] Con la cabeza roja llena de excrecencias en la piel, el pico corvo[4] y las garras afiladas, las horripilantes[5] aves se metían hasta en el huerto del hospital.

Las auras se movían con pasos lentos, como si estuvieran esperando el momento preciso para buscar el alimento que preferían, la carne todavía fresca de un cuerpo que acababa[6] de morir. Fue así, en medio de aquellas trágicas circunstancias, que los ojos de los leprosos se fijaron en un ave blanca, parecida a las auras, pero con el pico rosado y los ojos de paloma, que se había posado en la veranda del patio. Los leprosos trataban de identificar esta ave tan extraña.

---

[1]**tirados** acostados   [2]**techo** que cubre una vivienda   [3]**carroña** carne podrida
[4]**corvo** en curva   [5]**horripilantes** que dan miedo   [6]**acababa** terminaba

—Ese pájaro sí es diferente. No tiene mal olor como las auras tiñosas. Sus plumas son suaves y le cubren todo el cuerpo.

—No se echa a volar cuando nos acercamos a él. Se comporta como si nos conociera—. Uno a uno, todos se fueron acercando al aura blanca.

—¡Mira, Antonio! —gritó un enfermo a otro que estaba cerca del ave—. ¡Acerca el pico a tus manos y te las acaricia!— Aquella pobre gente no podía respirar del asombro.

—¡Qué plumaje tan terso![1] —exclamaba una viejita que había pasado la mano por el lomo del animal.

Mientras las oscuras tiñosas huían asustadas de los leprosos que se acercaban, el aura blanca se dejó agarrar[2] mansamente.[3] Uno de los enfermos, casi a rastras, pues no se podía mover con facilidad, llamó a un soldado que pasaba cerca, para que le avisara al alcalde. Al pasar, los pajarracos[4] feos chillaron de miedo.

Al otro día se corrió la noticia por la ciudad y todos pensaron que había ocurrido un milagro: el padre Valencia había regresado a cuidar de sus enfermos tomando la forma de aquella ave extraordinaria, nunca vista antes.

Encerrada[5] en una jaula dorada, pasearon al aura por pueblos y ciudades. Así, el hospital pudo recaudar[6] mucho dinero para ayudar a los enfermos. Desde entonces, todos vivieron convencidos de que este milagro no habría sido posible si el padre Valencia no se hubiera presentado a socorrerlos,[7] aunque fuera tomando la figura de un aura blanca.

---

[1]**terso** limpio y resplandeciente   [2]**se dejó agarrar** permitió que lo apresaran
[3]**mansamente** sin resistencia   [4]**pajarracos** aves feas   [5]**encerrada** sin poder salir
[6]**recaudar** reunir   [7]**socorrerlos** ayudarlos

EJERCICIOS

A. Conteste las siguientes preguntas:
1. ¿Cuál era el nombre verdadero del padre Valencia?
2. ¿En qué año murió este fraile?
3. ¿Hacia quiénes sentía compasión el padre Valencia?
4. ¿Qué les sucedía a los enfermos de lepra?
5. ¿Qué hacía el padre Valencia para ayudarlos?
6. ¿Cómo se construyó el hospital de leprosos?
7. ¿Qué temían los leprosos después de la muerte del padre?
8. ¿Cuándo aparecieron las auras tiñosas?
9. ¿Por qué el aura blanca no escapó?
10. ¿Qué milagro se asocia con el aura blanca en Camagüey?

B. ¿Qué opina usted?
1. Los hospitales son lugares cómodos para habitar.
2. Debemos proteger a los pobres y enfermos.
3. Cuando la economía no anda bien, el egoísmo crece.
4. Los enfermos contagiosos no deben vivir juntos.
5. No suceden milagros en la actualidad.

C. Indique si cada oración es verdadera o falsa.
1. Los franciscanos siempre estaban enfermos.
2. Los leprosos preferían vivir escondidos.
3. El padre Valencia se disfrazó para pedir limosna.
4. Los leprosos sufren de dolores de cabeza.
5. El aura blanca causó daño a los enfermos.
6. El padre Valencia no había muerto cuando llegó el aura.
7. Las auras tiñosas tienen un hermoso plumaje.
8. Un hombre que no podía caminar llamó a los soldados.
9. Al aura blanca la pasearon en una jaula dorada.
10. El hospital no pudo reunir el dinero necesario.

D. Seleccione la palabra que no pertenezca al grupo.
1. vecinos, congéneres, semejantes, extranjeros
2. calle, hospital, lazareto, refugio
3. socorrer, hacer el bien, proteger, abandonar
4. descansar, deambular, vagar, andar
5. tugurio, albergue, escondite, descampado

El Conde de Barreto

El nombre de este conde todavía les trae malos recuerdos a los habitantes de La Habana y sus alrededores. Lo que queda de una casona[1] que perteneció a su familia en La Habana Vieja, nos muestra una amplia fachada[2] que rodea[3] toda una esquina,[4] y arriba, un largo balcón como un corredor[5] a todo lo ancho del edificio. Antiguamente, el interior tenía un gran patio central donde estaban las cocheras[6] y almacenes.[7] Allí sólo era posible penetrar a través de un zaguán[8] cuya puerta se mantenía cerrada al mundo exterior. En una mansión como ésta, cerca del río Almendares, con un enorme patio rodeado de muros y habitaciones particulares, un Conde de Barreto, de los primeros de su estirpe,[9] llevó a cabo uno de los hechos más sangrientos[10] de la venerable ciudad de La Habana.

E l incidente tuvo lugar en una de aquellas noches en que, después de un abundante banquete, el conde y sus rastreadores[11] buscaban una manera de pasar el tiempo en cruel diversión, sin importarles las consecuencias de sus bromas de mal gusto. Los rastreadores acostumbraban traer consigo las jaurías[12] y las dejaban atadas[13] fuera de la casa. Estos perros semihambrientos y pendencieros[14] se empleaban para seguir el rastro[15] de los

---

[1]**casona** casa grande   [2]**fachada** frente de la casa   [3]**rodea** da la vuelta   [4]**esquina** punto en que se unen dos cuadras   [5]**corredor** pasillo que une habitaciones   [6]**cocheras** lugares para guardar coches   [7]**almacenes** lugares para guardar objetos   [8]**zaguán** espacio a la entrada   [9]**estirpe** familia   [10]**sangrientos** de sangre   [11]**rastreadores** los que siguen las huellas de algo o de alguien   [12]**jaurías** grupos o conjuntos de perros   [13]**atadas** amarradas con cuerda   [14]**pendencieros** que buscan pelea   [15]**rastro** pasos

esclavos que trataban de escapar del yugo[1] insoportable al cual vivían sometidos.

Aquella noche, el Conde de Barreto había invitado a los pobres y mendigos de la ciudad a que acudieran[2] a su palacio; les había prometido que les repartiría[3] hermosos regalos y comestibles. Era la víspera de los Reyes Magos, el cinco de enero, cuando niños y adultos tradicionalmente recibían algún presente para conmemorar la visita de Melchor, Gaspar y Baltazar al niño Jesús.

Los pobres se iban reuniendo en la puerta del patio, esperando a que se les invitara a entrar a aquel espacio enorme donde ninguno de ellos había puesto los pies jamás.

—¡Qué bueno es el conde! Seguro que nos va a regalar vino y dulces —dijo una mujer que llevaba un vestido viejo que ya casi no tenía color.

—Yo prefiero dinero, algo para comprarle una camisa a mi hijo y unos zapatos para mi esposa —añadió un hombre todavía joven, pero de rostro quemado por el sol. Luego, señaló a su familia a que se acercaran—. ¡Vengan cerca de la puerta para que sean los primeros!

A las doce de la noche se abrieron las verjas[4] y la multitud pudo observar las altas figuras de los invitados del conde, todos asomados[5] a un balcón interior de la casa donde estaba el comedor. Mostraban una expresión satisfecha en el rostro, pues habían acabado de compartir una cena exquisita regada con vinos y licores de los mejores.

De pronto, se cerró la verja del patio y el conde hizo una señal con el brazo. Acto seguido,[6] se soltaron las jaurías de perros. Al contrario de sus amos, no habían recibido alimento alguno en todo el día, y estaban hambrientos.

Los perros se lanzaron sobre los pobres y mendigos y les enterraban los colmillos afilados. Los espectadores que

---

[1]**yugo** servitud   [2]**acudieran** visitaran   [3]**repartiría** daría un poco entre todos
[4]**verjas** conjunto de rejas que sirve de puerta   [5]**asomados** que miraron hacia afuera
[6]**acto seguido** a continuación

miraban desde el balcón mantenían su sonrisa, aunque se sintieran sobrecogidos por el increíble espectáculo.

—¿No querían regalos de Reyes? —preguntaba el conde entre las risotadas de los amigos—. ¡Pues aquí los tienen! ¡Que aprendan quién es el Conde de Barreto, para que me tengan miedo!

—Esto sí que es una broma del diablo. Esa pobre gente no va a olvidarse nunca de la generosidad del conde —comentaban en voz baja los invitados del balcón.

—Nunca pensé que el conde nos fuera a dar este susto después de la comida. Hubiera sido mejor un poco de música, ¿no cree Ud.? —se quejaba un viejo vestido de chaqueta y pantalones negros que todavía llevaba una copa en la mano. Una mujer pequeña y tímida se echó despacio hacia la puerta hasta que desapareció detrás del bulto de un corpulento abogado.

Mientras tanto, como en el circo romano, morían aquellos infelices, atrapados en el patio, destrozados sus cuerpos por las fieras enceguecidas[1] contra las que no podían luchar.

Después de escuchar por un rato los aullidos y gritos de aquella masa humana que se revolcaba en su propia sangre, el conde sintió ganas de dormir para pasar la borrachera. A continuación, hizo una señal para que lo siguieran.

—¡Bueno! ¡Ya es suficiente! Después de todo, no se ven muy graciosos esos infelices con las ropas desgarradas. Y los gritos me están dando dolor de cabeza.

Los pocos invitados que quedaban se mantenían en silencio. Todos se retiraron y el conde mandó a cerrar las puertas para poder dormir en paz. Al otro día, hizo recoger lo que quedaba de los cuerpos y envió más criados para que limpiaran el patio de la sangre que se veía por todas partes.

Desde aquella fatídica[2] noche de Reyes, el palacio del Conde de Barreto se convirtió en una mansión embrujada.[3]

---

[1]**enceguecidas** que no ven   [2]**fatídica** desgraciada   [3]**embrujada** encantada

Nadie quería pasar por allí. La vegetación tropical fue envolviendo la casa en un aislamiento de sombras y follaje.[1]

Aislado de la ciudad, que le temía y aborrecía al mismo tiempo, al conde se le cumplió la hora de la muerte y los criados que le quedaban pusieron su cadáver en una caja de maderas toscas[2] que colocaron en el salón principal. El cuerpo pasó la noche de velorio en total soledad, sin ni siquiera la luz de una vela que lo alumbrara.[3]

Ya de noche cerrada se desató una tormenta con mucho viento y agua. Los árboles se mecían incansablemente.

—¡Cierren las ventanas! —gritó una voz desde la cocina—. ¡No dejen que se mojen las cortinas!

Al acercarse el criado a la habitación con una vela en la mano, pudo contemplar con espanto cómo el viento levantaba la caja y el cuerpo inerte[4] del conde y se los llevaba por una ventana. En unos segundos habían desaparecido en la noche, envueltos en el remolino de viento que los arrastraba. Nunca pudo encontrarse el cuerpo, y mucha gente vive convencida de que el mismo diablo fue el que se llevó los restos del Conde de Barreto.

EJERCICIOS

A. Conteste las siguientes preguntas:
   1. ¿Qué queda de la familia del Conde de Barreto?
   2. ¿Qué había en el patio central de esa casa?
   3. ¿Para qué usaban perros los rastreadores?
   4. ¿A quiénes invitó el conde a su casa?
   5. ¿Qué se celebraba la víspera del día de Reyes?
   6. ¿Cuándo se abrieron las puertas de la casa?
   7. ¿Dónde estaban el conde y los invitados después de la cena?

---

[1]**follaje** hojas de plantas   [2]**toscas** sin pulir   [3]**alumbrara** diera luz   [4]**inerte** que no se mueve

8. ¿Qué mandó a hacer el conde a sus criados en la mañana?
9. ¿Dónde pusieron los criados el cuerpo del conde?
10. ¿Qué ocurrió cuando llegó la tormenta?

B. ¿Qué opina usted?
1. Los que hacen mal siempre la pagan.
2. La arquitectura moderna es mejor que la antigua.
3. Se deben aceptar todos los regalos que nos den.
4. La soledad hace bien a todo el mundo.
5. Las sorpresas animan a los invitados.

C. Complete las oraciones con una palabra de la lectura.
1. Lo que _____ es una casona.
2. En el patio estaban las _____.
3. Los rastreadores traían las _____.
4. Los perros destrozaron sus carnes con los _____.
5. El yugo era _____ para los esclavos.
6. El conde invitó a los _____.
7. Los invitados habían _____ la cena.
8. El conde repartiría _____.
9. Los espectadores se sentían _____.
10. La vegetación lo _____ poco a poco.

D. Seleccione el sinónimo que corresponda a cada palabra de la primera columna.

1. fachada a. pared
2. muro   b. huella
3. comestibles c. cena
4. follaje   d. frente
5. bulto   e. familia
6. rastro   f. animales
7. fieras   g. vegetación
8. banquete h. paquete
9. estirpe   i. dar luz
10. alumbrar j. alimentos

10

Los ojos de Cucubá

El origen de la leyenda de los ojos de Cucubá nunca ha podido ser aclarado, pero todos están de acuerdo en que Cucubá es un animal de figura desagradable y estrafalaria.[1] Algunos lo asociaban con un ave nocturna de fea apariencia y chillidos[2] agudos llamado sijú. Este pájaro se alimentaba de pollos y ratas. Otros pensaban que era un gato con un solo ojo en la frente. El ojo brillaba mucho en la oscuridad y estaba cubierto de una capa transparente que hacía de párpado.[3] La aparición en medio de la noche de este extraño ser indicaba la proximidad de alguna catástrofe que se le avecinaba[4] a la pobre persona que tenía la mala suerte de encontrárselo.

Se cuenta que un guajiro[5] de Guane, en la provincia de Pinar del Río, tenía sembrado[6] un conuco[7] de ñame[8] que pensaba vender en el mercado. Perico, que así se llamaba, había colocado el sembrado detrás de un platanal[9] para que su compadre Julián no viera crecer las cepas,[10] de donde saldrían los ñames. Una tarde, ya casi de noche, mientras Perico trabajaba, Julián se apareció entre las sombras.

—Perico, ¿qué vas a sembrar en el conuco? —le preguntó.

—Pues, mira tú que ni sé —respondió el labrador—. Estoy tan ocupado con la zafra,[11] que no creo que tenga tiempo para sembrar en el conuco.

---

[1]**estrafalaria** extraña [2]**chillidos** gritos [3]**párpado** piel sobre el ojo [4]**se le avecinaba** se le acercaba [5]**guajiro** campesino (en Cuba) [6]**sembrado** cultivado; campo cultivado [7]**conuco** pequeña plantación [8]**ñame** fruto blanco que crece bajo la superficie [9]**platanal** lugar sembrado de plátanos [10]**cepas** bulbos [11]**zafra** corte de la caña de azúcar

Perico tenía miedo de que su compadre le echara a perder los ñames. La gente decía que tenía ojos de Cucubá. Julián era un hombre silencioso, que visitaba los bohíos[1] de los vecinos a la hora del café. Si habría una lechona asada,[2] la gente no le decía cuál era el cerdo que iban a sacrificar, pues varias veces ocurrió que la puerca se les moría cuando Julián la celebraba porque estaba gorda o alegre.

Pasaron los meses. Perico había trabajado muy duro y ya se disponía a sacar los primeros ñames. Una noche, se dirigió al conuco sin hacer mucho ruido y, cuando se iba a inclinar para sacar el primer ñame, sintió el batir[3] de las alas de un pájaro. Levantó la cabeza y observó una sombra de color negro brillante que se desprendía de una rama. Se quedó quieto[4] y algo nervioso, pero volvió a agacharse.[5] Entonces, a su espalda, oyó la voz del compadre Julián.

—¿Es que ya vas a sacar los ñames, Perico? —le preguntó.

—Chico, me parece que todavía no es tiempo —le contestó Perico muy nervioso. Se dio la vuelta y vio los ojos de Julián que se clavaban[6] en los suyos; brillaban en la oscuridad. El campesino se puso muy incómodo y decidió volver al otro día, cuando Julián no estuviera en los alrededores. En la tranquilidad de la noche escuchó el canto de un sijú escondido entre las ramas.

—¡Siiijúú! ¡Siiiijúúúúúúúú!

Al otro día, cuando regresó del corte de caña, Perico corrió al conuco. Llevaba un azadón[7] en la mano. Introdujo el instrumento en la tierra y sacó el primer ñame. Con terror, descubrió que el tubérculo estaba negro y lleno de pequeños gusanitos enroscados[8] que se movían satisfechos porque habían disfrutado de una cena abundante. ¡Qué mala suerte! ¡Todo el sembrado estaba contaminado! Tiró el

---

[1]**bohíos** cabañas [2]**lechona asada** puerca cocida al fuego directo [3]**el batir** el movimiento rápido [4]**se quedó quieto** no se movió del lugar [5]**agacharse** doblar las rodillas [6]**se clavaban** se fijaban [7]**azadón** herramienta para sembrar [8]**enroscados** doblados sobre sí mismos

azadón y caminó hacia su casa. En el silencio le pareció que oía el batir de unas alas. Después, se oyó el canto del sijú.

—¡Siiiijúúú! ¡Siiijúúú!

Perico llegó totalmente desanimado a su casa. —Debía haberlo sabido de antemano —se dijo. Nadie podía escaparse a los ojos de Cucubá de su compadre Julián.

A Perico se le había acabado la ilusión con los ñames blancos y sabrosos que tanto trabajo le había costado sembrar. Había comprobado una vez más que aquel ojo poderoso y maléfico era una personificación de las fuerzas destructivas que podían presentarse en cualquier momento.

EJERCICIOS

A. Conteste las siguientes preguntas:

1. ¿Cómo era el misterioso Cucubá?
2. ¿Cuál era el nombre del pájaro nocturno?
3. ¿Qué sembraba el guajiro de Guane?
4. ¿A qué le temía Perico?
5. ¿Qué le preguntó Julián a Perico?
6. ¿Cómo estaba el primer ñame que sacó de la tierra?
7. ¿Qué le ocurrió al sembrado?
8. ¿Qué poder tenían los ojos de Cucubá?

B. ¿Qué opina usted?

1. Las aves son útiles al hombre.
2. Las supersticiones ya no existen.
3. Los campesinos no se preocupan por nada.
4. Debemos alegrarnos de la felicidad de los otros.
5. Se puede trabajar bien por la noche.

C. Seleccione la palabra que corresponda a la definición.
1. Una apariencia fea y llamativa:
    a. estrafalaria   b. simpática   c. discreta
2. Exclamación o grito agudo:
    a. poema   b. canto   c. chillido
3. Incidente de muy malas consecuencias:
    a. agresión   b. pesadilla   c. catástrofe
4. Lugar donde crecen plantas para alimento:
    a. sembrado   b. sustento   c. terror
5. Comida que se sirve de noche:
    a. merienda   b. cena   c. desayuno
6. Corte y recogida de la caña de azúcar:
    a. zafra   b. enigma   c. azucarera
7. Animal gordo y con mucha grasa:
    a. ñame   b. puerco   c. bacalao
8. Falta de luz:
    a. sombra   b. espalda   c. misterio
9. Instrumento de labranza (siembra):
    a. felino   b. azadón   c. pájaro
10. Doblado o encaracolado:
    a. cortado   b. partido   c. enroscado

D. Cambie los verbos al imperfecto del indicativo.
1. Los animales (*vivir*) en contacto con las plantas.
2. El chillido del sijú (*inspirar*) desconfianza a los campesinos.
3. Este animal se (*alimentar*) de pollos y ratas.
4. Su aparición (*indicar*) una catástrofe.
5. Julián (*ser*) un hombre silencioso.

11

El médico chino

En el siglo XIX decenas[1] de médicos extranjeros provenientes[2] de países como Francia, Inglaterra y Alemania vinieron a establecerse en la colonia. La economía se ponía cada día mejor debido al cultivo intenso del azúcar y otros productos de exportación. Entre aquellos practicantes del arte de curar se apareció un día en La Habana —¡no faltaba más!— un médico chino, hijo prestigioso[3] del Imperio Celestial, quien causó una gran impresión en los habaneros. La presencia de aquella figura venerable de marcadas facciones[4] orientales, con barba[5] larga y rala[6] y conversación algo difícil de entender por su modo de pronunciar con acento chino, provocaba asombro, interés y recelo[7] entre aquéllos que anhelaban[8] curarse lo antes posible de sus padecimientos.[9]

C ham Bom-Biá, que fue el nombre que quedó en la memoria de las gentes, poseía un conocimiento impresionante de las propiedades curativas de cortezas,[10] pétalos, semillas y raíces de plantas. Había llegado a La Habana en 1858, justo cuando se desataba en la ciudad una epidemia terrible de viruelas. Esta enfermedad contagiosa atacaba a hombres, mujeres y niños de todas las condiciones sociales.

Los cuidados de este doctor mejoraban[11] la situación de los innumerables enfermos y esto le ganó cierta fama y admiración entre la gente, al mismo tiempo que varios

---

[1]**decenas** grupos de diez [2]**provenientes** que vienen de [3]**prestigioso** famoso
[4]**facciones** características del rostro [5]**barba** pelos de la cara [6]**rala** escasa de pelo
[7]**recelo** cuidado [8]**anhelaban** deseaban [9]**padecimientos** sufrimientos [10]**cortezas**
piel de los árboles [11]**mejoraban** hacían mejor

médicos que practicaban la medicina convencional lo de-
nunciaban como curandero.[1] Cham Bom-Biá ya no sólo uti-
lizaba plantas y productos importados del oriente, sino que
también llegó a conocer a cabalidad[2] muchísimos ejem-
plares de la flora cubana que tenían poderes curativos.
Hombre de gran espiritualidad, este médico no anhelaba
convertirse en hombre rico con el sufrimiento de los demás.
No siempre cobraba sus honorarios cuando se trataba de una
persona muy pobre o sin medios económicos.

Un día, unos señores se aparecieron en el consultorio quejándose[3] de síntomas y dolores. Los enviaba un médico que
vivía muy cerca al cual muchos de sus pacientes habían
abandonado para ir a curarse con el médico chino. Por
supuesto, todos los padecimientos que mencionaban eran
falsos; tenían la esperanza de engañar a Cham Bom-Biá y exponer su pretendida ignorancia.

—Le vamos a hacer un cuento con esta enfermedad ima-
ginaria al doctor Biá, para que la gente vea que cualquiera
puede engañar a ese curandero ignorante —dijo uno mientras tocaba la puerta del consultorio.

—No sé cómo se atreve a recetar a sus enfermos
cocimientos[4] de corteza y hojas que no conoce. ¡Es un charlatán! —añadió con una sonrisa de maldad el que lo acompañaba.

¡Toc! ¡Toc! Golpearon con los puños en la puerta del consultorio.

El médico había venido personalmente a abrirles la
puerta. Le brillaban los ojos:

—¿Qué desean los señoles?

—Chino, mi amigo y yo tenemos mucho dolor en la
espalda. Casi no podemos caminar. . . Puede que sea la luz
de la luna, que es muy fría. Anoche andábamos de fiesta y

---

[1]**curandero** que cura con magia   [2]**a cabalidad** a fondo   [3]**quejándose** dando quejas
[4]**cocimientos** infusiones

llegamos a casa de madrugada —diciendo esto, el hombre doblaba el cuerpo como si tuviera dolor.

El sabio, dándose cuenta enseguida de la trampa que querían lanzarle, les hizo oler[1] unos polvos:[2] —Tómense esto que van a quedal como nuevos.

Los polvos les produjeron a los mentirosos unos dolores de estómago insoportables.[3]

—¿Qué has hecho? ¡Me estás matando!— Uno de los enfermos falsos cerraba los ojos y veía muchas estrellas de colores. Su amigo no podía hablar; pensaba que se iba a desmayar en cualquier momento. Después de dejarlos retorcerse[4] por varios minutos, les administró un antídoto para que el dolor desapareciera.

—Ahora no va a habel luna que les haga daño. Están plotegidos contra los layos maléficos de ese astro hasta el lesto de sus días —Cham Bom-Biá sonrió y se dirigió a la puerta.

Casi sin aliento, los hombres se retiraron, jurando que jamás volverían a la consulta del doctor Cham Bom-Biá, a menos que de verdad estuviesen enfermos.

Aún hoy en día, en el habla popular se le rinde[5] tributo al "médico chino". Cuando una persona en Cuba se encuentra con un problema que no tiene solución o sufre de una enfermedad incurable, el comentario inmediato de cualquier cubano será: "¡Eso no lo arregla ni el médico chino!" Así de grande fue la fama de Cham Bom-Biá.

EJERCICIOS

A. Conteste las siguientes preguntas:
   1. ¿Cómo era la barba del médico chino?
   2. ¿Qué materiales usaba el doctor para curar?

---

[1]**oler** respirar perfume [2]**polvos** partículas finas [3]**insoportables** muy desagradables
[3]**retorcerse** doblarse por el dolor [5]**se le rinde** se le hace

3. ¿Qué decían los que no querían a Cham Bom-Biá?
4. ¿En qué año llegó este doctor a Cuba?
5. ¿Por qué quisieron engañar al médico chino?
6. ¿Quiénes fueron sus primeros pacientes?
7. ¿Qué les recetó el médico a los enfermos fingidos?
8. ¿Cómo les quitó el dolor?
9. ¿Cómo hablaba Cham Bom-Biá?
10. ¿Qué dicen en Cuba cuando un problema no tiene solución?

B. ¿Qué opina usted?
1. Hay diferentes maneras de curar las enfermedades.
2. Un doctor no puede curar si no sabe el idioma del paciente.
3. La medicina es diferente en cada país.
4. La fama no es buena para los médicos.
5. Es muy difícil engañar a los médicos.

C. Seleccione las palabras o frases que mejor completen las oraciones.
1. Los médicos _____ provenían de Francia y Alemania.
   a. nacionales   b. extranjeros   c. ricos
2. La barba del médico era larga y _____.
   a. negra   b. rala   c. abundante
3. Otros médicos decían que Cham Bom-Biá era un _____.
   a. curandero   b. bailarín   c. principiante
4. Conocía _____ las plantas del país.
   a. algo   b. muy poco   c. a cabalidad
5. La fama _____ de Cham Bom-Biá despertaba la envidia.
   a. diminuta   b. creciente   c. falsa
6. El médico trabajaba en su _____.
   a. consultorio   b. oficina   c. cocina
7. Prefería utilizar los productos de la _____.
   a. farmacia   b. flora   c. cocina
8. En la ciudad había una epidemia de _____.
   a. dengue   b. viruelas   c. fiebre amarilla
9. Cham Bom-Biá no _____ hacerse rico.
   a. anhelaba   b. negaba   c. pertenecía
10. Los mentirosos se enfermaron con unos _____.
   a. puños   b. polvos   c. engaños

D. Sustituya cada oración con "se" por otra equivalente.
1. En el país se encontraban muchos médicos extranjeros.
2. La economía se ponía cada día mejor.
3. Muchas plantas cubanas se utilizaron como medicinas.
4. La imagen de ese hombre se grabó en la memoria de la gente.
5. Se desató una epidemia terrible.

12

Un derrotero

¿Quién dijo que todos los tesoros perdidos se encuentran en el fondo del mar? En el siglo XIX los cubanos no pensaban así. Había en aquellos tiempos una verdadera "fiebre del oro" que impulsaba a cientos de hombres y mujeres a atravesar la campiña con la esperanza de hacerse ricos así como así.[1] Sólo se necesitaba una pala[2] para desenterrar el tesoro, o sea, el derrotero, que alguien había escondido bajo tierra, cerca de unos árboles o unas piedras. Los ojos expertos de los buscadores[3] de tesoros podían descubrir el sitio si encontraban unas marcas curiosas en la corteza de los árboles o en la superficie de la piedra. Para evitar que se les olvidara el lugar del escondite, los dueños del dinero hacían mapas y dibujos con símbolos enigmáticos —triángulos o cruces— y el espía procuraba descubrir la clave[4] para quedarse con[5] el tesoro.

Durante las guerras de independencia contra España, el entierro de tesoros era una práctica común entre los oficiales y soldados mambises[6] que se incorporaban con frecuencia a destacamentos[7] de tropas alejados de sus fincas[8] y poblados. Antes de marcharse, abrían un hueco y colocaban allí monedas de oro. En el año de 1871 cayó prisionero de los españoles el general mambí Francisco León Tamayo. Las tropas españolas lo habían sorprendido mientras el general se curaba de una herida sufrida en combate.

---

[1]**así como así** fácilmente   [2]**pala** instrumento para mover la tierra   [3]**buscadores** exploradores   [4]**clave** secreto   [5]**quedarse con** retener   [6]**mambises** guerreros de la independencia   [7]**destacamentos** grupos de tropas   [8]**fincas** propiedades en el campo

Poco tiempo después, el 15 de julio del mismo año, al general lo fusilaron por rebelión contra el gobierno colonial español.

Un día de 1885 llegaron unos forasteros[1] a la finca del guajiro Leoncio Lamadrid, un campesino inteligente y bondadoso quien los recibió con la hospitalidad acostumbrada: les dio café endulzado[2] con guarapo[3] de caña y les ofreció una hamaca a cada uno. La caravana estaba al mando[4] de Luisa Pentón, a la que acompañaban cinco hombres. Como buen conversador, don Leoncio les habló de los montes que rodeaban las fincas de la comarca.[5] Los pueblerinos[6] insistían en preguntarle sobre la zona en que vivía.

—Leoncio, ¿usted conoció al general León Tamayo?

—Sí, algo —contestó el campesino, mientras se echaba en la boca un pedazo de ensalada de aguacate—. Era un hombre muy valiente, pero siempre andaba por su finca. No venía mucho aquí.

—¿Usted sabía, Leoncio, que el general tenía un derrotero enterrado por las cercanías? —le preguntó en voz baja un hombre de panza inflada[7] y ojos saltones.

—¡Todo el mundo tiene un derrotero! —exclamó Leoncio. Los ojos de todo el grupo estaban clavados en él. Leoncio volvió a meterse un pedazo de aguacate en la boca, masticó[8] y dijo:

—¡Horita, hasta de mí van a decir que enterré un derrotero; de mí, que no tengo ni dónde caerme muerto![9]

Los aventureros se miraron furtivamente.[10] ¡Tremendo pícaro[11] que era este Leoncio! Seguro que hasta era compinche[12] del general. Decidieron no enseñarle a Leoncio Lamadrid el mapa que habían comprado en la ciudad, por si

---

[1]**forasteros** personas que vienen de afuera [2]**endulzado** azucarado [3]**guarapo** jugo de la caña de azúcar [4]**mando** gobierno [5]**comarca** región [6]**pueblerinos** los que no son campesinos [7]**panza inflada** vientre o estómago grande [8]**masticó** rompió con los dientes [9]**no tengo . . . muerto** sin dinero [10]**furtivamente** a escondidas [11]**pícaro** hombre tramposo [12]**compinche** compañero en las trampas

acaso se les fuera a adelantar en el hallazgo para quedarse con el derrotero del general León Tamayo.

Al otro día, caminando entre arroyos y cañadas,[1] se internaron[2] los forasteros por la campiña. Unos días más tarde, en una cañada cerca del arroyo Seibacoa, distinguieron un remanso[3] donde el agua se detenía entre una ceiba[4] y una alta palmera. Había marcas en los troncos. Allí mismo se pusieron a cavar hasta que, después de varias horas, agotados y sudorosos, decidieron detener la faena[5] y recomenzar al día siguiente.

Esa noche volvieron a casa de Leoncio y durante la cena comentaron acerca del tesoro que iban a encontrar, el cual parecía crecer más con cada hora de conversación.

—Ese general enterró muchas monedas de oro, ¡se lo digo yo! —afirmaba la Pentón, moviendo la mano de un lado a otro.

—Luisa cree que éste va a ser el golpe de su vida —le decía en voz baja un hombre de pelo revuelto al que se sentaba a su lado. Los dos tenían las manos grandes y fuertes.

Habían pasado un apuro grande, ya que uno de los miembros del grupo se les había perdido y, después de buscarlo por más de una hora, lo hallaron al pie de una palmera, el cuerpo doblado de un terrible dolor de estómago que le impedía caminar. Contaron cómo encontraron a Ramón:

—¡Ay! ¡Qué dolor! ¡Me mareo y no puedo moverme! —había gritado Ramón detrás de un árbol. Tenía las manos sobre el pecho.

—¿Qué te pasa, Ramón? —le preguntaban en el grupo—. ¿Qué te pasa, hombre?

—Me puse a mirar las marcas en el tronco y daba vueltas pa'cá y pa'llá.[6] ¡Me siento muy mal. . . !

Tuvieron que levantarlo y darle algo de tomar. Las palmas que marearon a Ramón tenían el tronco cubierto de marcas

---

[1]**cañadas** espacios abiertos por los ríos   [2]**se internaron** entraron   [3]**remanso** charca
[4]**ceiba** árbol gigantesco   [5]**faena** trabajo   [6]**pa'ca y pa'lla** para acá y para allá

en forma de puntos y triángulos, con letras que casi no se podían distinguir.

—¡No será que esas marcas le hicieron un maleficio?[1] ¿Y si el general León Tamayo echó una maldición a los que buscaran su derrotero? —preguntó el hombre de los ojos saltones.

—¡No, hombre, no tengas miedo!

La tropa creía que las monedas de oro eran más fuertes que los maleficios. Aquellos pueblerinos no se daban cuenta de que las marcas habían sido hechas por jóvenes guajiros, inspirados por su fogoso[2] interés en el sexo femenino. Así que, la pandilla de buscadores siguió abriendo huecos. Les dolía todo el cuerpo y padecían mucha hambre y sed.

Después de andar de árbol en árbol por varias semanas, cruzando cañadas, ríos y maniguas,[3] la ambiciosa tropa tuvo que darse por vencida. Y se marcharon de vuelta a la ciudad. Los llevaba un genio de los mil demonios e iban tan pobres como habían llegado. Claro, esto no impidió que en Cuba muchos siguieran buscando derroteros porque siempre nos queda una esperanza de que, con un milagro y algo de esfuerzo, las cosas van a mejorar.

EJERCICIOS

A. Conteste las siguientes preguntas:
1. ¿Dónde escondían muchas personas sus ahorros?
2. ¿Qué marcas usaban para señalar el tesoro enterrado?
3. ¿Cómo se llamaba el campesino que recibió a los forasteros?
4. ¿Qué les ofreció el campesino a los forasteros?
5. ¿Cómo se llamaba la jefa del grupo?
6. ¿Qué le preguntaron al guajiro?
7. ¿Por qué no le enseñaron el mapa al campesino?

---

[1]**maleficio** un mal   [2]**fogoso** ardiente   [3]**maniguas** campos cubiertos de malezas

8. ¿Dónde comenzaron a cavar?
9. ¿Qué había en el tronco de la palma que vio Ramón?
10. ¿Quiénes habían hecho las marcas?

B. ¿Qué opina usted?
1. Es fácil encontrar un tesoro escondido.
2. El dinero es necesario para ser feliz.
3. Podemos llegar a cualquier lugar si pedimos direcciones.
4. La gente de la ciudad es más sofisticada que la del campo.
5. Es mejor vivir en el campo que en la ciudad.

C. Diga si en las oraciones que siguen el verbo está en el presente o en el pretérito.
1. ¿Quién dijo eso?
2. El autor relata sus aventuras.
3. Estas prácticas se hicieron comunes.
4. El general cayó prisionero de los españoles.
5. Miguel cuenta la vida del soldado.
6. La muerte de Tamayo estremeció a todos.
7. Los aventureros se miraron furtivamente.
8. Siempre nos queda una esperanza.
9. Las cosas mejoran.
10. La tropa tuvo que darse por vencida.

D. Seleccione el antónimo que corresponda a cada palabra de la primera columna.

1. rudimentario	a. encontrado
2. mando	b. apartamento
3. curar	c. desgraciado
4. individuo	d. lejanía
5. perdido	e. pobreza
6. dichoso	f. enfermar
7. finca	g. desaparecer
8. riqueza	h. sofisticado
9. aparecer	i. tropa
10. cercanía	j. obediencia

13

Tina Morejón

Las tierras fértiles de los alrededores del río Sagua la Grande, dedicadas al ganado, el tabaco y la caña de azúcar, son famosas por la abundancia de sus frutos. El verde de los cultivos[1] y la vegetación salpicada[2] entre las suaves colinas se combinan en un paisaje[3] tranquilo, que acoge a sus habitantes sin provocarles el temor propio de las selvas enmarañadas[4] y las fieras[5] salvajes. Lamentablemente, en ese quieto paisaje atravesado por arroyos cristalinos se escondían otro tipo de peligros más dañinos[6] que los de los parajes[7] deshabitados. Eran los bandidos como una plaga[8] que se extendió por todas partes hasta llegar a hacer la vida insoportable a los que residían en el campo. Ladrones de ganado y asaltantes[9] de carreteras se ensañaban[10] en los guajiros, propietarios y transeúntes[11] de aquella región llena de caminos y encrucijadas.

En 1821 la situación se puso tan seria que los habitantes de la comarca pensaban que los ladrones tenían que ser duendes[12] o fantasmas, porque después de cometidas sus fechorías,[13] desaparecían como por arte de magia. Así fue que el joven y apuesto[14] hacendado don Silverio, protagonista de este relato, se vio una noche sorprendido por la inesperada visita de unos asaltantes capitaneados por un cuatrero[15] de ojos ardientes y movimientos ágiles. El

---

[1]**cultivos** sembrados [2]**salpicada** distribuida [3]**paisaje** panorama [4]**enmarañadas** con mucha vegetación [5]**fieras** animales [6]**dañinos** que hacen daño [7]**parajes** lugares aislados [8]**plaga** epidemia [9]**asaltantes** ladrones que sorprenden [10]**se ensañaban** les gustaba causar mayor daño [11]**transeúntes** viajeros [12]**duendes** espíritus [13]**fechorías** maldades [14]**apuesto** de gentil disposición [15]**cuatrero** alguien que roba vacas y caballos

bandido lo amenazó con una pistola para que Silverio le entregara todas las onzas de oro que tuviera a mano.

Intrigado por la voz y el porte[1] del bandido, Silverio hizo señas a uno de los trabajadores de la casa para que acercara un farol[2] encendido a la figura del bandido, que lo miraba con fijeza. Pudo entonces distinguir con más claridad que las manos pequeñas y delgadas que lo amenazaban de muerte eran las de una mujer.

"¡Sí! ¡Es una mujer!" pensó. "¡No me cabe duda!"[3]

En una situación así, la reacción de don Silverio era hablarle a la chica con simpatía, haciendo gala[4] de sus cualidades de hombre guapo y caballeroso a quien se le da fácil la conquista de una mujer apasionada y sensible. Tomó una bolsa vacía y se la mostró a la mujer bandido.

—Si me permites que te entregue el dinero a solas, en un lugar apartado, te lo daré yo mismo con mucho gusto. Ahora no lo tengo aquí.

Don Silverio la miró a los ojos y la chica le escudriñó el rostro con una mezcla[5] de duda y ansiedad. ¿Podría un hacendado tan bien portado[6] y amable mentirle para que cayera en la trampa de la justicia? ¿Se habría dado cuenta de que ella era mujer? Algo en ella le dijo que don Silverio no pensaba engañarla y acordó encontrarlo después del mediodía, en uno de los caminos solitarios que llevaban hacia el río y el embarcadero.[7] Al salir, Silverio le dijo:

—No sabes lo impaciente que estoy de que llegue mañana.

—¡Vámonos! ¡Arreaaaaa! —gritaron los jinetes que se marcharon a galope. Cuando se alejaron, el criado de Silverio se dirigió a éste con una expresión de susto en el rostro.

—¿Usted va a meterse en el monte para llevar ese oro? ¿Por qué no se lo entregó cuando el bandido se lo pidió? ¡Pueden matarlo allí! ¡Está loco!

---

[1]**porte** estilo   [2]**farol** lámpara de kerosene   [3]**¡No me cabe duda!** ¡Ya no tengo dudas!
[4]**haciendo gala** mostrando con orgullo   [5]**mezcla** unión   [6]**bien portado** elegante
[7]**embarcadero** donde se suben cosas al barco

—Mira, José, no te preocupes. Me interesa hablar con ese bandido a solas.

Un poco antes del mediodía, salió Silverio con su bolsa llena de oro. Llevaba el caballo a paso lento y seguía por el camino, hasta que vio surgir una figura detrás de unos matorrales.[1] Era un niño, que tomó el caballo de la rienda y lo guió por una vereda[2] hasta el batey de una finca donde lo esperaba una mujer.

Tina Morejón se presentó a don Silverio y le estrechó la mano. Con el pelo muy negro y la tez[3] ligeramente tostada,[4] Tina no sólo se robó el oro de don Silverio, sino hasta el corazón del romántico joven también. El impacto fue mutuo, pues ella sintió los efectos del flechazo[5] desde que había visto al joven en su casa. Don Silverio era el hombre más feliz de toda Cuba.

No se sabe lo que pasó después de aquel encuentro. Quizás los vecinos y las autoridades comenzaron a sospechar de las ausencias de don Silverio; tal vez algún empleado de la finca sorprendiera a Tina cuando llegaba sola a la casa del patrón. En fin, que un día una partida de cazabandidos,[6] comandada por un tal Armona, se las arregló para atrapar a la enamorada Tina, que ya estaba planeando retirarse de su arriesgada profesión para seguir una vida respetable al lado de Silverio.

No hubo forma de sacarla de la cárcel, pero la administración colonial desistió de llevarla a la horca[7] (¡los bandidos recibían la pena de muerte!). La desterraron[8] a Cádiz, en España. Su castigo fue pasarse el resto de sus días en una prisión militar lavando las ropas de los soldados españoles. Aunque su belleza la salvó de la muerte, nunca más volvió a ver a don Silverio.

---

[1]**matorrales** plantas [2]**vereda** camino estrecho [3]**tez** piel de la cara [4]**tostada** quemada [5]**flechazo** herida con flecha [6]**cazabandidos** los que buscan bandidos [7]**horca** aparato para matar [8]**desterraron** echaron del lugar

EJERCICIOS

A. Conteste las siguientes preguntas:
1. ¿Qué se cultivaba en la región de Sagua la Grande?
2. ¿Cómo era el paisaje de esa zona?
3. ¿Qué hacían los bandidos?
4. ¿Cómo era la capitana del grupo?
5. ¿Cómo eran sus manos?
6. ¿Cuáles fueron las palabras de despedida?
7. ¿Qué llevaba Silverio cuando salió de su casa?
8. ¿Cómo era Tina?
9. ¿Quién atrapó a Tina Morejón?
10. ¿A dónde la desterraron?

B. ¿Qué opina usted?
1. El castigo es necesario para detener el crimen.
2. Los bandidos siempre se ocultan.
3. La vida en el campo es muy aburrida.
4. Es difícil hacer nuevos amigos.
5. Las mujeres corren peligro con los bandidos.

C. Indique si cada oración es verdadera o falsa.
1. Los campesinos de Sagua la Grande sembraban algodón.
2. En Cuba no había bandidos en la colonia.
3. Los asaltantes también robaban ganado.
4. La mujer tenía las manos pequeñas.
5. Silverio no era guapo.
6. Tina era rubia.
7. Silverio se impacientaba por ver a Tina otra vez.
8. Tina lo estaba esperando en su casa.
9. Los cazabandidos no pudieron encontrar a Tina.
10. Tina y Silverio se casaron.

D. ¿Cuáles son las letras que faltan?
1. h_cen_a_ _
2. ent_eg_e
3. reac_i_n
4. a_ _oyo
5. a_ _ies_ado
6. m_to_ _al_s
7. fle_ _a_o
8. _nam_r_ _o
9. d_e_d_
10. _ere_a

14

El entierro del gorrión

Sabemos que el gorrión es un ave bastante común, de plumaje pardo[1] en la cabeza y castaño[2] en el resto del cuerpo, con manchas negras y rojizas en las alas. En el diccionario de la Real Academia Española se dice que "es sedentario y muy abundante en España". En el siglo XIX, los parques cubanos se llenaron de gorriones. Había tantos gorriones que muchos españoles que vivían en Cuba convirtieron esta ave en un símbolo del poder español en la isla. Los cubanos que ya tenían una identidad separada de España se preocupaban porque veían cómo los gorriones estaban desplazando a las especies nativas de Cuba. Por su parte, los peninsulares,[3] especialmente aquellos que pertenecían al ejército español, creían que el creciente poder del gorrión en territorio cubano era indicio de que España nunca dejaría de dominar la isla.

Los sentimientos patrióticos españoles se manifestaban con más fuerza aún entre los voluntarios, que eran grupos de milicias compuestos por españoles residentes y cubanos leales a España, que se oponían a los mambises, que eran partidarios de una república. A la histeria colectiva de esta chusma[4] violenta y fanática se debió el extraño acontecimiento que narramos aquí.

Frente al palacio del Capitán General, en la ciudad de La Habana, cayó de un árbol un gorrión que acababa de morir, y un voluntario que pasaba ante el palacio encontró el cuerpo, que parecía una manchita[5] gris-castaña.

---

[1]**pardo** color de la tierra [2]**castaño** color de la castaña (la nuez) [3]**peninsulares** nacidos en la península Ibérica [4]**chusma** grupo que grita y hace actos violentos [5]**manchita** mancha pequeña

—¡Un gorrión muerto! Algún traidor le habrá echado veneno[1] para matarlo. . . ¡Hay que darles una lección a esos bandidos! —dijo mientras se dirigía al cuartel[2]—. ¡Atención, tropa! ¡Llamen al sargento para que vea lo que he encontrado!

El voluntario salió corriendo y gritando con el pájaro muerto en la mano. Al mostrárselo a los otros soldados, los supersticiosos compañeros de aquel hombre creyeron que aquellas patitas rígidas y el pico entreabierto[3] del animalito contenían un mensaje fatídico: Aquel "ave de mal agüero"[4] encontrada sin vida entre los adoquines[5] parecía anunciarles la derrota inevitable de España.

Para conjurar[6] el mal augurio,[7] los jefes de la tropa decidieron hacerle un entierro fastuoso[8] al avecita y así desagraviar[9] el honor español. Para la ceremonia, levantaron un catafalco[10] en el llamado Cuartel de la Fuerza, frente a la bahía de La Habana. Allí colocaron al gorrión. Trajeron buena cantidad de ron y jerez.[11] Se anunció el comienzo y cientos de personas se acercaron al lujoso féretro[12] del gorrión y le rezaron devotamente. Sólo tenían que pagar diez centavos para entrar y observar aquel espectáculo inverosímil[13] en el que se podía contemplar un gran ataúd[14] con un pájaro adentro y muchos uniformes militares haciéndole guardia de honor.

—¡El gorrión vivirá para siempre! —gritaba la muchedumbre en la plaza del cuartel.

—¡Que viva el gorrión y que viva España! —coreaban[15] los niños y las mujeres que se acercaban a mirar.

—¡Los voluntarios no vamos a dejar que estos bandidos cubanos se salgan con la suya! —exclamaban los hombres vestidos de blanco.

---

[1]**veneno** líquido que mata [2]**cuartel** lugar donde están las tropas [3]**entreabierto** un poco abierto [4]**mal agüero** mala suerte [5]**adoquines** piedras para pavimentar [6]**conjurar** disolver [7]**augurio** predicción [8]**fastuoso** muy rico [9]**desagraviar** dar satisfacción [10]**catafalco** plataforma para el ataúd [11]**jerez** vino de una región de España [12]**féretro** caja en que se lleva un muerto [13]**inverosímil** increíble [14]**ataúd** caja donde se coloca el muerto [15]**coreaban** repetían en grupo

—¡Los gorriones no se irán de Cuba!

—¡Que reine el imperio de la ley del gorrión! —los soldados miraban satisfechos hacia la gente que pasaba enfrente del ataúd.

No contentos con la ceremonia de desagravio del gorrión, los voluntarios lo llevaron en andas en un cortejo fúnebre[1] encabezado por el Capitán General, la máxima autoridad militar de la colonia. Los acompañaba una banda de música que tocaba música militar y aires solemnes.

¡Pram-pam-pam-pam! Resonaba el tambor en las calles.

¡Pram-pam-pam-pam! Los soldados marcaban el paso detrás del gorrión. Todos llevaban un rifle al hombro. Detrás caminaban jóvenes y niños con sus madres. También iban muchos españoles recién llegados de la península.

El cortejo recorrió las calles principales de la ciudad de La Habana. La gente que acudía al desfile macabro[2] echaba arroz sobre la caja para alimentar al gorrión. En Guanabacoa, al otro lado de la bahía, aparecieron flotando en el aire cientos de globos con banderas. Eran las banderas de los mambises. Como estaban prohibidas, los sospechosos fueron llevados a la cárcel[3] acusados de traición.

—¿Cómo se atreven con esa bandera de barras azules y blancas y el triángulo rojo con la estrella solitaria? ¡Ésa no es la bandera de Cuba! —decían los soldados peninsulares.

—¡No tienen país, y quieren tener bandera! —les gritaban a los presos.[4]

¿Y la tumba del gorrión? Los organizadores de la demostración habían planeado colocar los restos del animal en el cementerio para ponerle encima un monumento con un árbol de plata, dos gorriones posados en las ramas y un tercero en el suelo. Sin el dinero para semejante obra de arte, los voluntarios de La Habana se fueron olvidando poco a poco del pobrecito gorrión.

---

[1]**cortejo fúnebre** procesión de la muerte [2]**macabro** que participa de la fealdad de la muerte [3]**cárcel** lugar para encerrar a prisioneros [4]**presos** personas en una cárcel

EJERCICIOS

A. Conteste las siguientes preguntas:
1. ¿Cómo es el gorrión?
2. ¿Por qué los militares españoles amaban al gorrión?
3. ¿Quiénes eran los voluntarios?
4. ¿Dónde cayó el gorrión?
5. ¿Qué les anunciaba la muerte del gorrión a los españoles?
6. ¿Dónde pusieron el catafalco?
7. ¿Cuánto tenían que pagar para entrar?
8. ¿Qué gritaban los partidarios del gorrión?
9. ¿Qué lanzaban sobre el féretro del gorrión?
10. ¿Qué contenían los globos flotantes de Guanabacoa?

B. ¿Qué opina usted?
1. Las aves son un factor importante en el mundo natural.
2. Los cubanos son muy diferentes de los españoles.
3. Las pasiones humanas no son parte de la política.
4. En los entierros no se debe oír música.
5. Todos los países deben ser repúblicas.

C. Seleccione la palabra que no pertenezca al grupo.
1. voluntario, soldado, ejército, gorrión
2. rígido, vivo, sin vida, muerto
3. grupo, muchedumbre, batallón, solitario
4. territorio, parque, tierras, globo
5. resistir, oponerse, negarse, aceptar
6. sueño, entierro, cortejo, féretro
7. música, aires, banda, ave
8. pico, agravio, plumaje, patas

D. ¿Cuál es la diferencia entre estas palabras?
1. pardo / castaño
2. cuartel / cárcel
3. chusma / muchedumbre
4. augurio / indicio
5. desfile / cortejo
6. venir / porvenir
7. desplazar / empujar
8. identidad / autoridad
9. tropa / soldados

15

Matías Pérez

Hoy, volar no es un problema. Niños, ancianos, deportistas y familias enteras viajan a todas partes en rutas que circundan el globo. ¡Qué espectáculo el de las nubes que se extienden en el ambiente azul y dorado del crepúsculo![1] ¡Qué valientes los pioneros que se lanzaron por primera vez al espacio!

El primer vuelo aerostático[2] en Cuba lo llevaron a cabo Eugenio Robertson y su esposa Virginia, probablemente de origen norteamericano. La hazaña tuvo lugar el día 17 de marzo de 1828. Unos años más tarde, en 1856, el francés Felipe Godard realizó varias exhibiciones con su aeróstato; en una de las cuales se elevó hasta unos 12,000 pies de altura, depositando el aeróstato en un pueblo de las afueras de La Habana llamado El Cotorro. En total, estos vuelos no llegaban a durar más de una hora y el navegante[3] procuraba utilizar la fuerza del viento para no alejarse[4] hacia el mar, pues allí se haría imposible un aterrizaje.[5] A los espectadores se les cobraba una pequeña entrada y con el dinero reunido se cooperaba con varias obras de beneficencia[6] establecidas en la capital.

En Cuba, el toldero[7] Matías Pérez se convirtió en un personaje famoso por su interés en los vuelos en globo aerostático. Y, aunque Matías se ganaba la vida con una fábrica de toldos y cortinas para proteger las casas y comercios de La Habana del quemante[8] sol tropical, lo que

---

[1]**crepúsculo** caída del sol [2]**aerostático** en globo [3]**navegante** el que viaja por el mar o el aire [4]**alejarse** separarse, irse [5]**aterrizaje** llegada a la tierra [6]**obras de beneficencia** actos públicos de caridad [7]**toldero** que hace techos de tela para proteger del sol [8]**quemante** que quema

dominaba sus horas libres era el interés por la exploración de las alturas.

"El rey de los toldos" era conocido en toda la ciudad ya que tenía un carácter jovial y amistoso, dado al trato comercial con todos los individuos que pasaban por[1] su establecimiento. Más tarde, Matías se incorporó al grupo del francés Godard y, embriagado por la fiebre de las alturas, le compró el aeróstato al aventurero francés, bautizado con el nombre de "Villa de París", por $1,200. Pero no fue fácil que lo dejaran salir. Tuvo que convencer al Gobernador, que tenía muchas dudas acerca de la pericia[2] de Pérez.

—Mire usted, señor Gobernador —insistía el aeronauta—, ésta es, sobre todo, una obra de beneficencia. Además, cuando los espectadores me vean volar y alejarme hacia las nubes, se llenarán de entusiasmo y le agradecerán a usted que les haya permitido ver tan gran espectáculo.

—Matías —le contestó el Gobernador—, esto de volar es una aventura peligrosa. No quiero que la gente trate de imitar semejante locura y tengamos varios accidentes en La Habana. ¡No me gustan las catástrofes! ¡Eso me traerá una notoriedad que no conviene a un gobernador serio y cumplidor[3] de su deber!

—No podemos parar[4] el progreso, señor Gobernador. El futuro está en las nubes. Ya me imagino que un día hasta las guerras se harán con globos que naveguen por el aire.

Por fin, el gobernador de la isla dio permiso para volar, porque el arriesgado comerciante prometió donar la mitad del dinero para la beneficencia de los desamparados[5] de la ciudad. El primer vuelo de Matías como piloto oficial tuvo lugar el 12 de junio de 1856.

Todo el pueblo seguía con orgullo y curiosidad las hazañas del pionero cubano. Matías Pérez ya se había convertido en un héroe cuando el "Villa de París" se despidió por lo que

---

[1]**pasaban por** visitaban   [2]**pericia** experiencia y habilidad   [3]**cumplidor** que lleva a cabo
[4]**parar** detener   [5]**desamparados** los que no tienen ayuda

sería la última vez, el 29 de julio de 1856. Matías subió al aparato[1] y saludó a todos los presentes.

—Somos pioneros en esta nueva frontera del espacio —Matías decía a los que se encontraban cerca de la plataforma. Desde lejos, la multitud lo veía mover las manos y apuntar hacia arriba, al cielo azul y brillante, por donde viajaría en unos minutos.

—¡Gracias, gracias a todos por su presencia en esta novedosa empresa! Detrás de mí vendrán muchos otros. ¡Suelten[2] las amarras![3]

Uno por uno se lanzaron al suelo los sacos de arena que sujetaban el aparato a la tierra. Los espectadores siguieron con la vista al aeróstato que se iba perdiendo entre las nubes hasta desaparecer. La figura de Matías Pérez ya no podía distinguirse a aquella distancia. La gente miraba y miraba, cubriéndose los ojos para protegerse del sol.

Pasaron varios días y en vano esperaban la noticia del aterrizaje del globo de Matías. Parece que el aparato había tomado la dirección equivocada,[4] probablemente hacia el mar, donde no había tierra firme para bajar. ¡Matías Pérez había desaparecido para nunca más volver!

—¡Matías Pérez, perdido en una isla lejana! —decían los periódicos en la primera plana—. ¡Nuestro héroe nos ha abandonado!

Fue tanta la consternación[5] de los ciudadanos y su subsecuente[6] tristeza, que el nombre de Matías Pérez pasó a tener un significado propio. Por eso, cuando un cubano quiere decir que una persona ha desaparecido sin dar explicaciones y no se sabe dónde está, siempre exclama: "¡Voló como Matías Pérez!"

---

[1]**aparato** máquina [2]**suelten** dejen ir, desaten [3]**amarras** cuerdas u otras cosas que fijan algo al suelo [4]**equivocada** incorrecta [5]**consternación** preocupación [6]**subsecuente** que viene después

EJERCICIOS

A. Conteste las siguientes preguntas:
1. ¿Qué le interesaba a Matías Pérez?
2. ¿Quiénes fueron las primeras personas en Cuba que montaron en globo?
3. ¿A qué altura se elevó?
4. ¿Cuánto tiempo duraban los vuelos?
5. ¿Qué hacían con el dinero de las entradas?
6. ¿Cuánto costó el "Villa de París"?
7. ¿Cuándo tuvo lugar el primer viaje de Matías Pérez?
8. ¿Con quién habló Matías para pedir permiso?
9. ¿Cuál es la fecha del último viaje de Matías Pérez?
10. ¿Qué dicen los cubanos cuando alguien desaparece sin dar explicaciones?

B. ¿Qué opina usted?
1. Sin la aviación no habría progreso.
2. Volar es más seguro que viajar en automóvil.
3. Hay que tomar en cuenta todos los riesgos antes de actuar.
4. Los pueblos necesitan héroes que admirar.
5. Los gobiernos deben estimular el progreso tecnológico.

C. ¿Cuáles de las siguientes palabras se relacionan con la navegación aérea?
ruta / ciudadano / consternación / volar / mar / nubes / viento / alturas / entrada / imitar / vuelo / bautizado / gente / globo / obra / aterrizaje / beneficencia

D. ¿Cuál es el antónimo de cada palabra que sigue? (Pista: Los antónimos no se encuentran en la leyenda.)

1. aterrizaje
2. cobrar
3. peligroso
4. jovial
5. soltar
6. alejarse
7. incorporarse
8. espectador
9. regresar
10. equivocada

16

Manuel García

Los viajeros que llegaban a Cuba en el siglo XIX se impresionaban ante las numerosas bandas de atracadores[1] y asaltantes que asolaban[2] el interior de la isla. En las zonas montañosas era necesario portar armas[3] para defenderse cuando un caminante[4] atravesaba caminos apartados. Hasta los guajiros tenían que llevar un machete[5] a la cintura cuando transportaban sus productos a los mercados.

Los bandoleros[6] conocían a fondo[7] el terreno en que operaban, y es posible que cada comarca tuviera su bandido propio al cual los vecinos temían y respetaban a la vez. Cuando capturaban a algún miembro de estas bandas, casi siempre recibía la pena de muerte, de ahí que no se entregaran con facilidad. Había que atraparlos con alguna trampa ingeniosa o tenderles[8] una emboscada.[9]

Manuel García fue el más famoso de aquellos hombres que vivían en perpetua lucha contra el sistema, ocultos en cuevas y protegidos secretamente por algunos vecinos que veían con satisfacción el castigo que recibían los que perseguían a los cubanos en su propio país. Manuel García no le temía a nada ni a nadie. Huérfano[10] desde muy pequeño, Manuel se hizo querer de aquellos guajiros que percibían en el joven las cualidades más admiradas por el cubano: la inteligencia, la nobleza, la

---

[1]**atracadores** los que engañan y roban   [2]**asolaban** destruían   [3]**portar armas** llevar pistolas o rifles   [4]**caminante** que siempre viaja caminando   [5]**machete** cuchillo grande y afilado para cortar plantas   [6]**bandoleros** bandidos   [7]**a fondo** muy bien   [8]**tenderles** prepararles   [9]**emboscada** ataque por sorpresa   [10]**huérfano** que no tiene padres

valentía[1] y el honor. Lo llamaban "el rey de los campos de Cuba". Asaltaba a hacendados y viajeros y llegó a acumular una pequeña fortuna de la que sacaba dinero para ayudar a los que se encontraban en extrema necesidad.

Cuando el patriota José Martí organizó la segunda guerra contra los españoles (1895), Manuel García le envió un mensaje a los Estados Unidos ofreciéndole grandes cantidades de dinero para comprar armas y municiones. Martí le dio las gracias al bandolero pero no aceptó su ofrecimiento.

Después de varias semanas, un mensajero apareció cerca del campamento de los bandidos. Traía la respuesta de Martí a Manuel García. Después de bajarse del caballo, lo llevaron al campamento donde ya colaban[2] el café para recibirlo:

—Mira, Manuel, te traigo malas noticias.[3] Martí, el jefe del Partido Revolucionario Cubano, ha dado instrucciones de que no se acepte el dinero que tú has ofrecido donar al movimiento de independencia. Dice que no se pueden comprar armas con el dinero de un individuo al que la justicia persigue porque es ladrón. Cree que los españoles publicarán esa noticia en los periódicos para que los gobiernos de América no apoyen[4] a los cubanos.

—Pero. . . yo soy cubano, yo soy patriota también. La justicia de los españoles no es justicia. . . ¡es la ley de los fuertes. . . !

—Sí, pero Martí está al tanto de lo que pasa allá afuera, con eso de los periódicos y los gobiernos, y no quiere que haya confusiones. Él es periodista y escritor y sabe que la prensa[5] también es un arma.

Manuel García comprendió que su dinero no podría contarse entre las contribuciones que le estaban a mano. Se quedó pensativo, pero no se dio por vencido. Incapaz de mantener los brazos cruzados mientras la lucha se extendía

---

[1]**valentía** cualidad de actuar sin miedo   [2]**colaban** pasaban por un colador   [3]**noticias** eventos nuevos   [4]**apoyen** den ayuda   [5]**prensa** conjunto de periodistas

por todo el país, García decidió unirse a las tropas mambisas. En camino al campamento rebelde, las autoridades españolas le prepararon una emboscada y lo mataron un 24 de febrero cerca del pueblo de Mocha. Bandido o patriota, Manuel García fue una figura compleja y trágica; criminal para unos y héroe para otros, los cubanos todavía no lo han podido olvidar.

EJERCICIOS

A. Conteste las siguientes preguntas:
1. ¿Qué problema tenía Cuba en el siglo XIX?
2. ¿Qué llevaban los viajeros en las zonas montañosas?
3. ¿Quién era Manuel García?
4. ¿Dónde se ocultaban los bandidos?
5. ¿A quién le temía Manuel García?
6. ¿En qué año comenzó la segunda guerra de independencia?
7. ¿Qué le ofreció Manuel García a Martí?
8. ¿Por qué Martí se negó a aceptar el dinero?
9. ¿Qué dijo García cuando le dieron el mensaje de Martí?
10. ¿Qué decidió hacer García para contribuir a la lucha?

B. ¿Qué opina usted?
1. La vida de los bandidos es cómoda.
2. La imagen de una persona importa mucho.
3. La violencia crea problemas en la sociedad.
4. Los ladrones nunca pueden ser buenos.
5. Las guerras civiles no tienen importancia.

C. Forme oraciones completas con las palabras siguientes.
1. Los guajiros: tener que / llevar / machete / cintura.
2. Los bandidos: conocer / fondo / terreno.
3. Es posible / cada comarca / tener / propio / bandido.
4. Manuel García: temer / nada / nadie.
5. Martí: estar / tanto / lo que estaba / pasar.

D. Busque los sinónimos en el texto:
1. acatar
2. elevar
3. atracaba
4. vencerlos
5. entregar
6. venganza
7. incluirse
8. anunciar
9. aumentó
10. valor

Vocabulario español-inglés

A

a to, at, from; **a cabalidad** completely, entirely; **a fondo** well, completely; **a mano** handy; **a pesar de** in spite of; **a rastras** crawling; **a través** through
abandonar to abandon
abogado (*m.*) lawyer
aborigen (*n., m.; adj.*) native
aborrecer (**zc**) to hate, loathe
abrazar(se) (**c**) to hug
abundar to abound
aburrido bored
aburrirse to get bored
acabado finished
acabar de to have just
acampar to camp
acariciar to caress
acaso (*adv.*) maybe; **por si acaso** in case
accidente (*m.*) accident
acento (*m.*) accent
aceptar to accept
acercar (**qu**) to bring close; **acercarse** to get close
aclarar to clarify
acoger (**j**) to take in
acompañar to go with
acontecimiento (*m.*) event
acordar (**ue**) to agree; **acordarse de** to remember
acostumbrado used to
acostumbrar to be in the habit of
acto (*m.*) deed; **acto seguido** immediately
acudir to go, attend
Adelantado (*m.*) governor of border province
adelantar to go ahead
adelante ahead; **más adelante** later on
además besides, in addition to

administración (*f.*) administration (government)
administrar to administer, give
adoquín (*m.*) paving stone
adorar to worship
adquirir (**ie**) to acquire
aerostático propelled by a gas lighter than air
aeróstato (*m.*) hot-air balloon, aerostat
afilado sharp
afirmar to state, say
agacharse to crouch down
agarrar to seize
ágil agile
agotado exhausted
agradecer (**zc**) to be thankful
agradecido grateful
agua (*f.*) water
aguacate (*m.*) avocado
agudo shrill
aguero (*m.*) omen
águila (*f.*) eagle
ahogarse (**gu**) to drown
ahorros (*m. pl.*) savings
aire (*m.*) air
aislado alone, isolated
aislamiento (*m.*) isolation
ala (*f.*) wing
alcalde (*m.*) mayor
alcanzar (**c**) to reach
alegre happy
alegría (*f.*) happiness
alejado far away, apart
alejarse to remove oneself
alertar to alert, put on guard
alga (*f.*) seaweed
aliento (*m.*) breath
alimentarse to be fed
alimento (*m.*) food
allí there
almacén (*m.*) storage house
alrededores (*m. pl.*) surrounding areas
altanera haughty

altar (*m.*) altar
Altísimo (*m.*) the Almighty
altura (*f.*) height
alumbrar to illuminate
ama (*f.*) mistress
amanecer (*m.*) dawn
amar to love
amarillento yellowish
amarillo yellow
amarrar to tie
amarras (*f. pl.*) ropes
ambicioso ambitious
ambiente (*m.*) ambiance; (*fig.*) air
amenazar (**zc, c**) to threaten
amistoso friendly
amo (*m.*) master, owner
amonestar to scold
amor (*m.*) love
amplio wide
anciano (*n. & adj.*) old man; old, ancient
andar to walk; **andar de fiesta** to go partying
andas (*f. pl.*) bier, portable platform
anhelar to wish
animal (*m.*) animal
ansiedad (*f.*) anxiety
ante (*prep.*) in the presence of
antemano beforehand
antes (*prep.*) before; **lo antes posible** as soon as possible
antídoto (*m.*) antidote
antiguo old; previous
anunciar announce, foretell
añadir to add
año (*m.*) year
aparato (*m.*) device
aparecer (**zc**) to appear
apariencia (*f.*) appearance
apartado remote, isolated
apasionado passionate
apenas barely
apoyar to support
aprender to learn
aprendiz (*f. & m.*) apprentice
apresado captured
apuesto (*m.*) handsome, smart, elegant
apuntar to point

apuro (*m.*) difficult situation
arbusto (*m.*) bush
arder to burn
ardiente passionate, fervent
arena (*f.*) sand
arma (*f.*) weapon
armonía (*f.*) harmony
arrancar (**qu**) to pull out
arrastrar to drag, pull by force
arreglar to fix
arriba up; **hacia arriba** upward
arriesgado risky
arrodillarse to kneel
arroyo (*m.*) stream
arroz (*m.*) rice
arte (*m.*) art
asado roasted
asaltante (*f. & m.*) robber, attacker
ascua (*f.*) ember
asegurar(se) to assure
así como así just like that
asolar to devastate
asomado peering
asombro (*m.*) amazement, wonder
astilla (*f.*) splinter
astro (*m.*) heavenly body
asunto (*m.*) business, affair
asustar to scare
atado tied
atajo (*m.*) shortcut
ataque (*m.*) attack
atar to tie
ataúd (*m.*) coffin
aterrizaje (*m.*) landing
aterrizar (**c**) to land
atizado fired up, incited
atizar (**c**) to stir (a fire)
atracador (*m.*) robber
atracar (**qu**) to steal from
atrapar to trap
atravesar (**ie**) to go across, pass through
atreverse to dare
augurio (*m.*) prediction, omen
aullido (*m.*) howl
aumentar to increase, make bigger
aún still, yet
aunque although
aura tiñosa (*f.*) turkey buzzard

ausencia (*f.*) absence
auxilio (*m.*) help
ave (*f.*) bird; **ave de mal agüero** bird of ill omen; **ave de rapiña** bird of prey
avecinarse to come close
aventura (*f.*) adventure
aventurar(se) to risk, dare
avisar to notify
avistar to see in the distance
ayudar to help
azadón (*m.*) hoe, mattock
azúcar (*f.*) sugar
azul blue

bondadoso kind
borrachera (*f.*) intoxication, drunkenness
brazada (*f.*) stroke (of a swimmer)
brillante bright, shiny
brillar to shine
broma (*f.*) joke
búho (*m.*) eagle owl
bulto (*m.*) bulge, bulk
burla (*f.*) trick; jeer
burlarse de to poke fun at
buscador (*m.*) prospector, treasure hunter
buscar (qu) to search, look for

B

bahía (*f.*) bay
bailar to dance
bajarse to step down
balcón (*m.*) balcony
bandera (*f.*) flag
bandolero (*m.*) bandit
bañar to bathe; **bañarse** to bathe oneself
baracoense (*n. & adj.*) from Baracoa
barba (*f.*) beard
barcaza (*f.*) landing craft
barco (*m.*) ship
barra (*f.*) bar
batallón (*m.*) batallion
batey (*m.*) open area in a village
batir to beat (wings)
bautizado baptized
behíque (*m.*) witch doctor
bejuco (*f.*) liana, reed
belleza (*f.*) beauty
bello lovely, beautiful
bendecir (*Irr.*) to bless
beneficencia (*f.*) charity
bien (*adv.*) well; (*n., m.*) goodness
bienestar (*m.*) well-being
blanco white
boca (*f.*) mouth
bohío (*m.*) hut
bolsa (*f.*) pouch

C

caballeroso chivalrous, noble
caballo (*m.*) horse
cabellera (*f.*) head of hair
cabello (*m.*) hair
caber (*Irr.*) to fit into, **no cabe duda** there is no doubt
cacicato (*m.*) a chief's reign
cacique (*m.*) chief
cadáver (*m.*) corpse
caer (*Irr.*) to fall
caja (*f.*) box
calabaza (*f.*) pumpkin
calle (*f.*) street
calmar to calm
caluroso hot
cambiar to change; exchange
cambio (*m.*) change; **a cambio de** in exchange for
camello (*m.*) camel
caminante (*f. & m.*) traveler
camino (*m.*) road
camisa (*f.*) shirt
campamento (*m.*) camp
campiña (*f.*) countryside
canoa (*f.*) canoe
cansado tired
canto (*m.*) song, singing
caña de azúcar (*f.*) sugar cane
cañada (*f.*) ravine
capa (*f.*) layer

capaz able, capable
capitanear to lead
carabela (*f.*) caravel, ship
carácter (*m.*) personality, nature
característica (*f.*) characteristic
caravana (*f.*) caravan, group of
  travelers with a purpose
cárcel (*f.*) jail
carga (*f.*) load
cargar (gu) to carry
carne (*f.*) muscles, flesh
carnívoro carnivorous
carretera (*f.*) road
carroña (*f.*) carrion
caserío (*m.*) group of huts, small
  village
casi almost
caso (*m.*) case
casona (*f.*) mansion
castaño chestnut brown
castigar (gu) to punish
castigo (*m.*) punishment
catafalco (*m.*) catafalque,
  ornamental structure for lying in
  state
catástrofe (*f.*) catastrophe
catedral (*f.*) cathedral
cavar to dig
cazabandido (*m.*) manhunter
cazar (c) to hunt
ceiba (*f.*) silk-cotton tree
celebrar to celebrate
celestial heavenly
cena (*f.*) supper
ceniza (*f.*) ash
central central
centro (*m.*) center
cepa (*f.*) stock, bulb or root
cerca near; cerca de near
cercanías (*f.*) surroundings,
  outskirts
cercano near, close
cerrar (ie) to close
chaqueta (*f.*) jacket
charca (*f.*) pool of water
charlatán (*m.*) quack, charlatan
chica (*f.*) child, girl
chico (*m.*) child, boy
chillar to screech
chillido (*m.*) scream, squeal

chino (*n. & adj.*) Chinese
chivo (*m.*) goat
chusma (*f.*) rabble
cielo (*m.*) heaven; sky
cientos (*m.*) hundreds
cierto certain
cima (*f.*) peak, mountain top
cintura (*f.*) waist
circo romano (*m.*) Roman Circus
circundar to circle, go around
circunstancia (*f.*) circumstance
ciudad (*f.*) city
claro clear
clavado fixed (stare, eyes)
clavarse to fix themselve (on), to
  stare
clave (*f.*) key, clue
clima (*m.*) climate
cobrar to charge
cochera (*f.*) coach house
cocimiento (*m.*) infusion
  (medicinal)
cocina (*f.*) kitchen
cocotero (*m.*) coconut tree
cola (*f.*) tail
colar (ue) to strain
collar (*m.*) necklace
colmillo (*m.*) canine tooth, fang
colocar (qu) to put, place;
  colocarse to place oneself
colonia (*f.*) colony
colonización (*f.*) colonization
colonizar (c) to colonize
colono (*m.*) colonist, colonizer
comandar to command
comarca (*f.*) region
combate (*m.*) combat, battle
comedor (*m.*) dining room
comentar to comment
comentario (*m.*) comment
comenzar (ie, c) to begin
comerciante (*m.*) businessman
comercio (*m.*) trade, business
comestibles (*m. pl.*) food,
  provisions
cometer to commit (a crime)
compadre (*m.*) buddy
compañía (*f.*) company,
  companionship
compartir to share

compasión (*f.*) compassion, pity
compatriota (*f. & m.*) compatriot
compinche (*f. & m.*) coconspirator, accomplice
complejo complex
comportarse to behave
comprar to buy
comprender to understand
comprobar (ue) to prove
compuesto made up of
comunicar (qu) to communicate; **comunicarse** talk with one another
con with
conde (*m.*) count (aristocratic title)
conducta (*f.*) behavior
conejo (*m.*) rabbit
confiar to trust
confín (*m.*) limit
confinar to confine
conformarse to resign oneself, get used to
confuso perplexed, confused
congéneres (*f. & m. pl.*) of the same kind or sort
congolés (*n. & adj.*) Congolese, of the Congo
conjunto (*m.*) group, set
conjurar to exorcise
conmemorar to celebrate
conocer (zc) to know
conocimiento (*m.*) knowledge
conquista (*f.*) conquest
conquistador (*m.*) conqueror, conquistador
consagrar to bless, make holy
consecuencia (*f.*) consequence
conseguir (i) to fetch, obtain
consigo with them
consolar to console, comfort
consternación (*f.*) dismay
construido built
consultorio (*m.*) doctor's office
contaminado infested, contaminated
contar (ue) to tell; count
contemplar to contemplate, observe thoughtfully
contento happy

contra against
contribución (*f.*) contribution
contribuir (y) to contribute
control (*m.*) control; **sin control** uncontrollably
controlar to control
conuco (*m.*) patch of land
convencer (z) to convince
convertirse (ie, i) to become; convert (religion)
cooperar to cooperate
copa (*f.*) drink
corazón (*m.*) core; heart
corear to chant
corpulento burly
corredor (*m.*) hallway, passageway
corriente (*f.*) fast current
cortar to cut
corte (*m.*) court, entourage; cutting, harvesting
cortejo fúnebre (*m.*) funeral procession
corteza (*f.*) bark (tree)
corvo curved
costa (*f.*) coast
costar (ue) to cost
costumbre (*f.*) custom, tradition
creación (*f.*) creation
crear to create
crecer (zc) to grow
creciente growing
creencia (*f.*) belief
creer (y) to believe
crepúsculo (*m.*) sunset
criado (*m.*) servant
criarse to be brought up
criatura (*f.*) creature
crimen (*m.*) crime
cristalino clear, limpid
cristianismo (*m.*) Christianity
croar to croak (frog)
crónica (*f.*) chronicle
cruz (*f.*) cross
cruzar (c) to cross
cual which; **con el (la) cual** with which
cualquiera (*pron.*) anyone
cuán (*adv.*) how
cuartel (*m.*) barracks
cuatrero (*m.*) rustler

cubano (*n. & adj.*) Cuban
cubierta (*f.*) deck (of a ship)
cuello (*m.*) neck
cuento (*m.*) story
cuerpo (*m.*) body
cueva (*f.*) cave
cuidado (*m.*) care, attention
cuidar (de) to take care (of)
cuje (*m.*) whip made of reeds
culebra (*f.*) snake
cultivo (*m.*) crop
cumplidor (*adj.*) reliable
cumplir to carry out; fall due (time)
curandero (*m.*) witch doctor
curar to cure; **curarse (de)** to be cured (of)
curativo curative
curiosidad (*f.*) curiosity

D

dado given
dama (*f.*) lady, lady-in-waiting
dañino harmful
daño (*m.*) harm
dar (*Irr.*) to give; **dar cuenta de** to realize; **dar las gracias** to thank; **darse por vencido** give up, quit; **dar vueltas** to go around
de acuerdo in agreement
de antemano in advance, beforehand
deambular to wander around
debajo below
debido a due to, owing to
débil weak
debilitar to become weak, weaken
decena (*f.*) a set of ten
decidir to decide
decir (*Irr.*) to say, tell
declarar to declare
dedicar(se) (qu) to dedicate (oneself)
defender(se) (ie) to defend (oneself)
deidad (*f.*) deity

dejar to leave; stop; **dejar(se)** to let oneself
delgado thin
delicado delicate
demasiado (*adv.*) too
demonio (*m.*) devil, demon
dentro de inside
denunciar to denounce
deportista (*f. & m.*) sportsman, sportswoman
depositar to deposit
derrota (*f.*) defeat
derrotero (*m.*) buried treasure or possessions (Cuba)
desagradable unpleasant
desagraviar to redress, make amends
desanimado discouraged
desamparado helpless, forsaken
desaparecer (zc) to disappear
desaparición (*f.*) disappearance
desatar to let loose, unloose
descansar to rest
desconfianza (*f.*) mistrust
desconocido unknown, unfamiliar
descubrir to discover
desde since, from; **desde entonces** since then; **desde lejos** from far away; **desde que** since
desear to desire, wish
desembarcar (qu) to disembark
desempeñar to carry out, fulfill; **desempeñar un papel** to play a role
desenterrar (ie) to dig up, unearth
deseo (*m.*) desire
desesperar(se) to despair
desfigurar to disfigure
desfile (*m.*) parade
desgarrado torn, shredded
desgraciado unfortunate
deshabitado uninhabited
desistir to give up
desmayar(se) to faint
despacio slow, slowly
despedida (*f.*) farewell
despedirse (i) to say good-bye
despertar (ie) to awaken, arouse (compassion)
despierto awake, clever

desplazar (c) to remove, take the place of
despreciar to look down upon
desprenderse to get loose
desprevenido unaware, off guard
destacado distinguished, outstanding
destacamento (*m.*) detachment (military)
desterrar (ie) to exile
destrozado broken, torn to pieces
destructivo destructive
detener(se) (*Irr.*) to stop
detrás behind
devoción (*f.*) devotion
devolver (ue) to return
devotamente devoutly
diablo (*m.*) devil; **diablito** little demon
diario (*m.*) diary, journal
dibujo (*m.*) drawing
diente (*m.*) tooth
diminuto tiny
dinero (*m.*) money
dirigirse (j) to head for
diseño (*m.*) design
disfrazarse (c) to disguise oneself
disfrutar to enjoy
disgustar to displease; **disgustarse** to get angry
disponer(se) (*Irr.*) to get ready
distinguir(se) to be distinguished; recognize, discern
distinto different
diversión (*f.*) fun
divertir(se) (ie, i) to have fun
divinidad (*f.*) deity
doblar to bend over
documento (*m.*) document
doler (ue) to hurt
dolor (*m.*) pain
doloroso painful
dominar to control
donar to donate
dorado golden
dormir (ue, u) to sleep
duda (*f.*) doubt
duende (*m.*) spirit
dueño (*m.*) owner
dulces (*m. pl.*) candy

durante during; for
durar to last
duro hard; **trabajar duro** to work hard

E

echar to throw out, to toss; **echar a perder** to spoil; **echarse** to lie down, thrown oneself down; **echarse a** to take off; **echarse aire** to fan oneself
economía (*f.*) economy
efecto (*m.*) effect
efectuar(se) to take place
ejecución (*f.*) execution
ejecutar to execute
ejemplar (*m.*) specimen
elevar(se) to go up
embarcadero (*m.*) wharf
emboscada (*f.*) ambush
embriagado intoxicated
embrujado bewitched, haunted
emocionado moved, touched
empeño (*m.*) endeavor
empezar (ie, c) to begin
empleado (*m.*) employee
emplear to use
emprender to undertake, embark on
empresa (*f.*) undertaking, venture
enamorarse to fall in love
encabezado led, headed
encaminar(se) to head (for or toward)
encantado charmed
encantamiento (*m.*) incantation
encaracolado folded in
enceguecido blinded
encendido burning, lit
encerrado enclosed, locked up, shut up
encima on top
encontrar (ue) to find; **encontrarse** to find oneself; meet
encorvado curved, bent
encrucijada (*f.*) crossroads

encuentro *(m.)* encounter
endulzado sweetened
enfadado angry
enfermedad *(f.)* sickness, illness
enfermo *(m.)* sick person; *(adj.)* ill, sick
engañar to mislead, deceive
enigmático puzzling, mysterious
enmarañado tangled
enojado angry
enorme huge
enroscado coiled up
ensalada *(f.)* salad
ensañarse to be merciless, treat brutally
enseguida right away, immediately
enseñar to teach, show
entender (ie) to understand
enterarse to find out
enterrar (ie) to bury
entierro *(m.)* burial
entonces then; **desde entonces** since then
entrada *(f.)* entrance; admission fee
entrar to enter
entreabierto half-open
entregar (gu) to give, hand over; **entregarse** to turn oneself in
entretener *(Irr.)* to entertain
entusiasmo *(m.)* enthusiasm
enviar to send
envidia *(f.)* envy
envolver (ue) to envelop
envuelto wrapped, enclosed
época *(f.)* period
equivocado mistaken
erguido upright
erigido erected
errante *(adj.)* errant, aimless
esbelto thin
escándalo *(m.)* racket, uproar
escapar(se) to escape
esclava *(f.)* slave (female)
esclavo *(m.)* slave (male)
esconder to hide; **esconderse** to hide oneself
escondido hidden
escondite *(m.)* hideout, hiding place

escrito written
escritor *(m.)* writer
escuchar to listen
escudriñar to peer, scan (the horizon)
esfuerzo *(m.)* effort
esmirriado scrawny
espacio *(m.)* space
espalda *(f.)* back
espantado frightened, terrified
espanto *(m.)* horror
espantoso horrendous, frightful
espasmo *(m.)* spasm
espectáculo *(m.)* show, spectacle
espectador *(m.)* spectator
esperanza *(f.)* hope
esperanzado filled with hope
esperar to wait; hope
espía *(f. & m.)* spy
espiritualidad *(f.)* spirituality
esposa *(f.)* wife
esposo *(m.)* husband
espuma *(f.)* foam
esquina *(f.)* corner
establecer(se) (zc) to get established
establecido established
estado *(m.)* state; **estado de salud** state of health
este *(m.)* east
estilo *(m.)* style
estirar(se) to stretch
estirpe *(f.)* lineage
estómago *(m.)* stomach
estrafalario eccentric
estrecho narrow
estrella *(f.)* star
estremecer (zc) to tremble, shake
europeo *(n. & adj.)* European
evitar to avoid
evocar (qu) to call forth, evoke
exagerado outrageous
excrecencia *(f.)* tumor, growth
exhibición *(f.)* exhibition
existir to exist
expedición *(f.)* expedition
experiencia *(f.)* experience
experto *(adj.)* expert
exploración *(f.)* exploration
explorador *(m.)* explorer

explorar to explore
exponer (*Irr.*) to expose
expuesto exposed
expulsar to drive out
exquisito exquisite
extender (**ie**) to extend
extranjero (*n. & adj.*) foreign-born, foreigner
extraño strange
extraordinario unusual, extraordinary
extremidades (*f. pl.*) limbs
extremo (*m.*) end; (*adj.*) extreme, utmost

F

fábrica (*f.*) factory
fabricar (**qu**) to build, make
facciones (*f. pl.*) features
fachada (*f.*) façade
facilidad (*f.*) ease; **con facilidad** easily
faena (*f.*) task
falso false
falta (*f.*) lack
faltar to lack, be lacking
fama (*f.*) fame
fantasma (*m.*) ghost
farol (*m.*) lantern
fascinar to captivate
fastidiado annoyed, fed up
fastuoso magnificent
fatalidad (*f.*) destiny; misfortune
fatídico fateful
fe (*f.*) faith
fecha (*f.*) date
fechoría (*f.*) misdeed
felino (*adj.*) feline, catlike
féretro (*m.*) coffin
fértil fertile
festejo (*m.*) celebration
fiebre (*f.*) fever
fiera (*f.*) wild animal, beast
fijar to fix, set; **fijar(se)** to notice
fijeza (*f.*) firmness
fijo fixed, set

finca (*f.*) farm
flamante brand-new, shiny and new
flauta (*f.*) flute
flechazo (*m.*) arrow wound
flexible bendable, flexible
flora (*f.*) flora, plants
flotar to float
fogata (*f.*) bonfire
fogoso ardent
follaje (*m.*) foliage, leaves
fondo (*m.*) bottom
forastero (*n. & adj.*) stranger
forma (*f.*) shape
fortuna (*f.*) fortune
fraile (*m.*) friar
franciscano Franciscan
frase (*f.*) phrase
frente (*f.*) forehead
frente a facing, in front of
fresco fresh; cool
fuego (*m.*) fire
fuente (*f.*) fountain; source
fuera (*adv.*) out, outside
fuerte strong
fuerza (*f.*) strength; force
fundar to found
fúnebre (*adj.*) funeral
furia (*f.*) fury
furioso angry, furious
furtivamente slyly, furtively
fusilar to shoot

G

gala (*f.*) elegance, poise; **hacer gala de** to show off, take pride in
gana (*f.*) desire, wish
ganado (*m.*) cattle
ganar to earn, win; **ganarse la vida** to earn one's living
garra (*f.*) claw, paw
gelatinoso jelly-like
gemido (*m.*) moan
gemir (**i**) to moan
generosidad (*f.*) generosity
genio (*m.*) temper

gente *(f.)* people
gesto *(m.)* gesture; expression
gigantesco gigantic
girar to spin, swirl
globo *(m.)* balloon
gobierno *(m.)* government
gordo fat
gorrión *(m.)* sparrow
grabar to engrave
gracias *(f.)* thanks
gracioso amusing
grandioso magnificent; grandiose
gritar to shout
grueso thick
grupo *(m.)* group
guajiro *(m.)* peasant (Cuba)
guarapo *(m.)* sugar-cane juice
guardar to save, preserve; store
guardarraya *(f.)* path between
   fields
guardia *(f. & m.)* guard (military)
guerra *(f.)* war
guerrero *(n. & adj.)* warrior
güije *(m.)* water spirit (Cuba)
gusano *(m.)* worm
gustar to like
gusto *(m.)* taste; pleasure

H

habanero *(n. & adj.)* Havanan,
   from Havana
haber *(Irr.)* to have (used as
   auxiliary verb)
habilidad *(f.)* ability
habitación *(f.)* room
habitante *(m.)* inhabitant
habitar to inhabit
habla *(f.)* speech
hacendado *(m.)* landowner
hacer *(Irr.)* to do, make; **hacer de
   gala** to show off, take pride in;
   hacerse to become
hacia toward
hallar to find
hallazgo *(m.)* finding, discovery
hamaca *(f.)* hammock

hambre *(f.)* hunger
hambriento hungry
hasta until; even
hazaña *(f.)* deed
hecho *(m.)* fact; deed
herida *(f.)* wound; injury
herido wounded, hurt
hermoso beautiful
historia *(f.)* story; history
hoguera *(f.)* fire
hombre *(m.)* man
hombro *(m.)* shoulder
honor *(m.)* honor
honorario *(m.)* fee
hora *(f.)* hour; time
horca *(f.)* gallows
horita *(fam.)* in a minute *(ahorita)*
horripilante horrifying
hospital *(m.)* hospital
hospitalidad *(f.)* hospitality
hueco *(m.)* hole
huella *(f.)* track
huérfano *(m.)* orphan
huerto *(m.)* orchard; garden
huir *(Irr.)* to escape; flee
humano *(adj.)* human
humilde humble
humillar to humiliate, embarrass
humo *(m.)* smoke
hundir(se) to sink

I

idioma *(m.)* language
iglesia *(f.)* church
ignorante ignorant; unaware
ignorar to be unaware of
igual the same
imagen *(f.)* image
imaginar to imagine
imitar to imitate
impacientar(se) to exasperate,
   become impatient
impaciente impatient
impedir (i) to prevent
imperio *(m.)* empire
imponer *(Irr.)* to impose

importado imported
importante important
importar to care about
importunar to bother, pester
imposible impossible
impresionante impressive
impreso printed; stamped
impulsado driven, impelled
impulsar to impel, drive forward
incansablemente tirelessly
incapaz incapable
incidente (*m.*) incident
inclinar to bend over
incómodo uneasy
increíble unbelievable
incurable incurable
independencia (*f.*) independence
indicar (qu) to show, indicate
indicio (*m.*) sign, indication
indiferente indifferent, apathetic
indígena (*n. & adj.*) native
inerte lifeless
inesperadamente unexpectedly
inestable unstable
inexplicable unexplainable
infeliz unhappy
infestado infested, overrun
inflado swollen
ingenioso clever, ingenious
innumerable countless
insistir to insist; persist
insoportable unbearable
inspirar to inspire
instrucciones (*f. pl.*) instructions
instrumento (*m.*) tool
insultar to insult
intenso intense, intensive
intentar to attempt, try
interesar to interest
internar(se) to penetrate
intimidad (*f.*) intimacy
intrépido intrepid, bold
intriga (*f.*) plot, scheme
intrigado intrigued, puzzled
introducirse (zc, j) to get inside;
  enter; insert
invadir to invade
inverosímil unlikely, improbable
invitado (*m.*) guest
ira (*f.*) wrath

irreverente irreverent
isla (*f.*) island

J

jaula (*f.*) cage
jauría (*f.*) pack (of dogs)
jefa (*f.*) boss (female)
jefe (*m.*) boss (male)
jerez (*m.*) sherry wine
jinete (*m.*) horseman, rider
jirafa (*f.*) giraffe
joven young
jovial cheerful
jugar (ue, gu) to play; **jugar(se)**
  take chances
juguetón playful
junto a near, close to
jurar to swear
justicia (*f.*) justice
jutía (*f.*) hutia (rodent)

L

labranza (*f.*) farming
ladrón (*m.*) robber
lagarto (*m.*) lizard
lamentablemente unfortunately
lamentar complain, bewail
lanzar (c) to throw; **lanzarse**
  throw oneself
largo long
lástima (*f.*) pity
lazareto (*m.*) lepers' hospital
leche (*f.*) milk
lechona (*f.*) female pig
lector (*m.*) reader
lejano remote
lejos far; far away
lentamente slowly
leproso (*m.*) leper
letra (*f.*) letter
levantar to raise, put up, erect;
  levantarse get up; stand up

ley *(f.)* law
leyenda *(f.)* legend
libertad *(f.)* freedom
libre free
licor *(m.)* liqueur
límite *(m.)* limit
limosna *(f.)* alms; **pedir limosna** to beg
limpiar to clean
limpio clean
lindo lovely, pretty
liso smooth
listo clever
llamar to call; **llamarse** be called, named
llanura *(f.)* flatland, plain
llave *(f.)* key
llegados *(pl. adj.)* ones who have arrived; **recién llegados** newcomers
llegar (gu) to arrive
llenar to fill
lleno full, filled
llevar to carry; **llevar(se)** to take away
llorar to cry
locura *(f.)* craziness
lograr to manage to; achieve
loma *(f.)* hill
lomo *(m.)* back (of an animal)
luchar to fight
lucumí from the Congo (Zaire)
lugar *(m.)* place
luna *(f.)* moon
luz *(f.)* light

M

macabro macabre
machete *(m.)* machete
madera *(f.)* wood
madrugada *(f.)* daybreak
magia *(f.)* magic
majá *(m.)* snake (Cuba)
mal *(m.)* evil
maldecir *(Irr.)* to curse
maldición *(f.)* curse

maleficio *(m.)* evil spell, curse
maléfico harmful; evil
maligno malignant
malvado wicked
mambí *(pl.: mambises)* rebel, separatist (in Cuba)
mancha *(f.)* stain
mandar to rule; send; order
mando *(m.)* command
manera *(f.)* way, manner
manga *(f.)* sleeve
manifestar (ie) to express; make known
manigua *(f.)* scrubland
mansamente peacefully, tamely
mantener *(Irr.)* to keep, maintain
mar *(m.)* sea, ocean
marca *(f.)* mark
marcado distinguishable
marcar (qu) el paso to mark time
marcha *(f.)* march
marchar(se) to leave; march
marido *(m.)* husband
martirizar (c) to torture
masa *(f.)* mass
máscara *(f.)* mask
masticar (qu) to chew
matar to kill
matojos *(m. pl.)* thicket
matorral *(m.)* bush
mayor *(n., m.)* adult; *(adj.)* bigger, greater
mecer (z) to rock (back and forth)
medicina *(f.)* medicine
médico *(m.)* doctor
medio half; **medio enojado** slightly angry
mediodía *(m.)* noon
medios *(m. pl.)* means
mejorar to improve
melancólico sad, depressed
memoria *(f.)* memory
mencionar to mention
mensaje *(m.)* message
mensajero *(m.)* messenger
mentir (ie, i) to lie, tell a lie
mercado *(m.)* market
merodear to roam
mes *(m.)* month
meter(se) to get into

mezcla (*f.*) mixture
miedo (*m.*) fear
miembro (*m.*) member
mientras (que) while
mil (*m.*) thousand
milagro (*m.*) miracle
milicia (*f.*) militia
mirada (*f.*) look, gaze
mirar to look at, watch
misa (*f.*) mass
misterio (*m.*) mystery
mito (*m.*) myth
mitología (*f.*) mythology
modificación (*f.*) modification, alteration
modo (*m.*) way, method
mojar to wet
molesto irritated
moneda (*f.*) coin
mono (*m.*) monkey
monte (*m.*) woodland; mountain
monumento (*m.*) monument
moreno tanned, brown
morir (ue, u) to die
mostrar (ue) to show; **mostrarse** appear to be
mover(se) (ue) to move (oneself)
muchedumbre (*f.*) crowd
mudar to move (relocate)
muerte (*f.*) death
mujer (*f.*) woman
multitud (*f.*) crowd
mundo (*m.*) world
munición (*f.*) ammunition
murciélago (*m.*) bat
muralla (*f.*) wall
muro (*m.*) wall
música (*f.*) music
mutuo mutual

N

nacido born
nada nothing
nadar to swim
nadie no one
narrar to narrate

naturaleza (*f.*) nature
nave (*f.*) ship
navegante (*m.*) navigator (by sea or air)
navegar (gu) to travel
necesitar to need
negar (ie, gu) to refuse, deny
negro black
nervioso nervous, tense
ni nor; not even; **ni siquiera** not even
ninguno none
noble (*adj.*) noble
nobleza (*f.*) nobility; goodness
nocturno nocturnal
nombrar to name; appoint
nombre (*m.*) name
norte (*m.*) north
noticia (*f.*) news
notoriedad (*f.*) notoriety
novedoso novel, new
nube (*f.*) cloud
nunca never

Ñ

ñame (*m.*) yam

O

obedecer (zc) to obey
obediencia (*f.*) obedience
objeto (*m.*) object
obra (*f.*) work
observar to observe
ocultar(se) to hide (oneself)
oculto hidden
ocupar to occupy
ocurrir to happen; **ocurrirse** think of
ofensa (*f.*) insult
ofrecer (zc) to offer
ofrecimiento (m.) offering
oír (*Irr.*) to hear

ojo *(m.)* eye
oler *(Irr.)* to smell
olvidarse (de, a) to forget (about)
onza *(f.)* ounce
operar to operate
oponer(se) *(Irr.)* to oppose
oración *(f.)* prayer
orden *(f.)* religious order; order, command
orgullo *(m.)* pride
oriental eastern; Asian
oriente *(m.)* the East
origen *(m.)* origin, beginning
original original
originar(se) to originate, have its origin
orilla *(f.)* shore
oro *(m.)* gold
oscuridad *(f.)* darkness

P

paciente *(f. & m.)* patient
padecimiento *(m.)* ailment; suffering
padre *(m.)* father; priest; **padres** parents
pagar (gu) to pay
país *(m.)* country
paisaje *(m.)* landscape
pájaro *(m.)* bird
pajarraco *(m.)* big, ugly bird
paje *(m.)* page, young male servant
pala *(f.)* shovel
palma *(f.)* palm tree
palmera *(f.)* palm tree
paloma *(f.)* dove
pan *(m.)* bread
pandilla *(f.)* gang, band
panza *(f.)* belly
papel *(m.)* role; **desmpeñar/hacer un papel** to play a role
paraíso *(m.)* paradise
paraje *(m.)* place, spot
paralizado paralized
parar to stop
pardo *(adj.)* dull brown

parecer (zc) to seem; **parecerse** look like
pareja *(f.)* couple (of people)
párpado *(m.)* eyelid
parra *(f.)* vine
parroquia *(f.)* parish
parte *(f.)* part; **de su parte** on his (her, their) side
particular private; individual
partida *(f.)* leave-taking, departure
partir to leave
pasado *(m.)* past
pasar to go by; **pasar por** stop by
pasear to stroll
pasión *(f.)* passion, passionate fondness
paso *(m.)* step
pata *(f.)* leg (of an animal)
paz *(f.)* peace; **en paz** peacefully
pecado *(m.)* sin
pecho *(m.)* chest
pedazo *(m.)* piece
pedir (i) to ask for, request; **pedir permiso** ask for permission
pegajoso sticky
pegar (gu) to hit, strike
pelea *(f.)* fight
pelear to fight
peligro *(m.)* danger
peligroso dangerous
pelo *(m.)* hair
pena *(f.)* penalty, punishment; suffering
pendenciero quarrelsome
penetrar to penetrate
peninsular *(n., m.)* from the peninsula
pensativo thoughtful
pequeño small
percibir to sense, notice
perder (ie) to lose; **perder(se)** to get lost
perdido lost
perdonar to forgive
pericia *(f.)* expertise
periódico *(m.)* newspaper
periodista *(f. & m.)* journalist
permiso *(m.)* permission
permitir to allow
perpetuo perpetual, without end

perro (m.) dog
perseguir (i) to follow, pursue
personaje (m.) character (fictional)
personificación (f.) personification
pertenecer (zc) to belong, be the property of
perturbar to disturb
pescado (m.) fish (food)
pescar (qu) to fish
pétalo (m.) petal
peticiones (f. pl.) petitions, requests
pez (m.) fish (live)
picar (qu) to bite, sting
pícaro (m.) rogue
pico (m.) beak
pie (m.) foot; **de pie** standing
piedra (f.) stone; **piedra preciosa** precious stone
piel (f.) skin
pirata (f. & m.) pirate
pisar to step on, set foot on
pistola (f.) pistol
pito (m.) whistle
plaga (f.) plague
planear to plan
planta (f.) plant
plata (f.) silver
platanal (m.) banana grove
playa (f.) beach
plaza (f.) town square
pluma (f.) feather
plumaje (m.) plumage, feathers
población (f.) population
poblador (m.) resident, inhabitant
pobre poor
poder (ue, u) to be able, can, may
poder (m.) power
poderoso powerful
policía (f. & m.) police, police officers
pollo (m.) chickens
polvo (m.) powder
poner (Irr.) to place, put; **ponerse** put on, wear; become
popular of the people
por for; in; **por entre** through, between; **por la tarde** in the afternoon

pordiosero (m.) beggar
portar to carry (on oneself); **portarse** to behave
porte (m.) demeanor
porvenir (m.) future
posarse to perch, alight (birds)
poseer (Irr.) to own, have
poseído possessed
posible possible
posición (f.) position
practicante (f. & m.) practitioner
prado (m.) meadow
precioso beautiful, precious
preciso exact, precise
preferido favorite, preferred
preferir (i) to prefer
preguntar to ask; **preguntarse** to wonder
prendar(se) to fall in love
prensa (f.) press
preocuparse to worry, be concerned about
presa (f.) prey
presencia (f.) presence
presentarse to show up, appear
preso (m.) prisoner
prestigioso prestigious
pretendido falsely claimed
primavera (f.) spring
primer; primero first
principal main
prisión (f.) prison
privado deprived
problema (m.) problem
procesión (f.) procession
procurar to get; try, attempt
producir (j) to produce, cause
producto (m.) product
profundo deep
progreso (m.) progress
prohibir to forbid
prometer to promise
pronunciar to pronounce
propietario (m.) owner; landowner
propio (adj.) own
propósito (m.) purpose
protector (m.) protector
proteger (j) to protect
protegido protected
proveniente originating from

provenir (de) *(Irr.)* to come from
provincia *(f.)* province
provisiones *(f. pl.)* supplies, provisions
provocar (qu) to provoke; bring about
proximidad *(f.)* nearness
prueba *(f.)* proof
pueblerino *(m.)* villager
pueblo *(m.)* town; people
puerca *(f.)* female pig
puerta *(f.)* door
pues *(conj.)* so
puesto *(m.)* position
puesto que *(conj.)* since, as
puño *(m.)* fist

Q

¿qué tal. . . ? how about. . . ?
quedar to remain; **no quedar otro remedio** have no choice, alternative; **quedarse con** to end up with
quejar(se) to complain
quejas *(f. pl.)* complaints
quemado burned
quemante *(adj.)* burning
querer *(Irr.)* to want; love
querido loved
quieto quiet, still
quitarse to take off

R

raíz *(f.)* root
rala sparse, thin (hair, beard)
rama *(f.)* branch
rapidez *(f.)* speed
rastreador *(m.)* tracker
rastro *(m.)* trail, tracks
rata *(f.)* rat
rato *(m.)* while, moment

razón *(f.)* reason; **dar la razón a** to say someone is right
realidad *(f.)* reality; **en realidad** in fact, actually
realizar (c) to carry out
rebelde *(adj.)* rebel
rebeldía *(f.)* defiance, rebellion
rebelión *(f.)* rebellion
recado *(m.)* message, errand
recaudar to collect (money, contributions)
recelo *(m.)* mistrust
recetar to prescribe
recibir to receive
recién *(adv.)* recently, newly
recitar to recite
recoger (j) to pick up
recogida *(f.)* harvesting
recordar (ue) to recall; remind
recorrer to look over; walk through; travel around
recuerdo *(m.)* memory
reflejar to reflect
refugio *(m.)* refuge
regalar to give (a gift)
regalo *(m.)* gift
regar (ie, gu) to water; irrigate
regresar to return
regreso *(m.)* return
reinar to reign, rule
reír *(Irr.)* to laugh
relato *(m.)* story
religión *(f.)* religion
religioso religious
reliquia *(f.)* relic, artefact
relucir *(Irr.)* to shine, gleam
remanso *(m.)* pool of still water
remedio *(m.)* remedy; **no quedar otro remedio** have no choice, alternative
remolino *(m.)* whirlpool
rendir *(Irr.)* to pay (homage, honor)
repartir to distribute
repelente repulsive
representar to represent, stand for
reproducir *(Irr.)* to reproduce
república *(f.)* republic
repugnancia *(f.)* repugnance, disgust

repulsivo repulsive
resbalar to slip, slide
residente *(adj.)* residing
residir to reside
resistente *(adj.)* strong
resistir to resist
resonar **(ue)** to resound
respetar to respect
respirar to breathe
resplandor *(m.)* brightness, brilliance
respuesta *(f.)* answer
resto *(m.)* rest, remainder
restos *(m. pl.)* remains
retaguardia *(f.)* rearguard
retirar(se) to withdraw, move back
retoño *(m.)* shoot (of a plant)
retorcerse *(Irr.)* to twist; wring; writhe
reunir(se) to gather together
revista *(f.)* magazine
revolcar *(Irr.)* to roll around; revolcarse to double up (with pain)
revuelto messy
rey *(m.)* king
rezar **(c)** to pray
rincón *(m.)* corner
río *(m.)* river
riqueza *(f.)* wealth
risotada *(f.)* loud laughter, guffaw
rizado frizzy, curly
robar to steal
rodeado surrounded
rodear to go around, enclose
rogar *(Irr.)* to beg, plead
rojizo reddish
rojo red
rosado pink
rostro *(m.)* face
rubio blond; fair
rudimentario rudimentary, basic
rugoso rough, wrinkled; pockmarked
ruido *(m.)* noise

S

saber *(Irr.)* to know
sabio *(m.)* wise man
sabroso tasty, delicious
sacar **(qu)** to extract; obtain
sacerdote *(m.)* priest
saco *(m.)* bundle; sack
sacrificar **(qu)** to give up, sacrifice
sacrificio *(m.)* sacrifice
sacudido shaken
sagrado holy
salir *(Irr.)* to get out
salitre *(m.)* salt residue
salón *(m.)* large room
salpicado scattered
salto *(m.)* jump
saltón bulging (eyes)
salud *(f.)* health
salvaje wild
salvar to save
sanar to heal
sangre *(f.)* blood
sangriento bloody
sarta *(f.)* string (of pearls)
satisfecho satisfied
savia *(f.)* sap
secreto *(m.)* secret; en secreto secretly
sed *(f.)* thirst
sedentario not migratory
seguir *(Irr.)* to follow; continue
sembrado *(m.)* sown field
sembrar **(ie)** to sow, plant (seeds)
semejante *(m.)* fellow man; *(adj.)* similar
semihambriento half-starved
semilla *(f.)* seed
sencillo simple
sensible feeling, sensitive
sentir *(Irr.)* to feel; perceive; sentirse to feel (ill, well)
señal *(f.)* signal, sign
separado separated
separar to separate
ser *(m.)* being, creature; ser humano human being
servir *(Irr.)* to serve
siboney *(m.)* Caribbean Indian

siempre always; **para siempre** forever
siglo (*m.*) century
significado (*m.*) meaning
significar (**qu**) to mean
sijú (*m.*) small owl (Cuba)
silencioso quiet
símbolo (*m.*) symbol
simpático nice, easy-going
sin without; **sin embargo** however; **sin siquiera** without even
síntoma (*m.*) symptom
sitio (*m.*) place
situado located
soberbia (*f.*) pride, arrogance
sobrecogido scared
socorrer to help
soldado (*m.*) soldier
soledad (*f.*) loneliness
solicitar to ask for
solitario lonely, alone
solo alone
sólo only
soltar (**ue**) to let go, release; **soltarse** free oneself
sombra (*f.*) shadow; shade
sombrero (*m.*) hat
sometido subjected
sonido (*m.*) sound
sonoro sonorous; resounding
sonrisa (*f.*) smile
soñar (**ue**) to sleep; dream
soplar to blow
sorprender to surprise
sorpresa (*f.*) surprise
sospechar to suspect
súbdito (*m.*) subject (under a ruler)
subsecuente following
suceder to happen
sucio dirty
sudar to sweat
sudor (*m.*) sweat
suelo (*m.*) ground; floor
suerte (*f.*) luck
suficiente enough
sufrido long-suffering
sufrimiento (*m.*) suffering, misery
sufrir to suffer

sugerir (**ie, i**) to suggest
sujetar to secure, fasten
sumergir (**j**) to submerge
sumirse to sink (into)
superficie (*f.*) surface
surgir (**j**) to rise from; appear
sustento (*m.*) means of support
susto (*m.*) scare

T

tabaco (*m.*) tobacco
taíno (*n. & adj.*) Arawak Indian
tamaño (*m.*) size
también also
tarde (*f.*) afternoon; (*adj.*) late; **más tarde** (*adv.*) later on
tarea (*f.*) task
techo (*m.*) roof
temer to be afraid of
temor (*m.*) fear
tender (**ie**) to set (a trap)
tener (*Irr.*) to have; **tener lugar** take place; **tener que** have to; **tener que ver** (**con**) have to do with
tenue faint (light)
tercero third
terminar to finish, end
terreno (*m.*) terrain; lands
terrible dreadful
territorio (*m.*) territory
terror (*m.*) terror
terso shiny and smooth
tesoro (*m.*) treasure
tez (*f.*) complexion
tierra (*f.*) land
tinieblas (*f. pl.*) darkness
tirado lying around; thrown down
tocar (**qu**) to knock; play (music); **tocar(le) a uno** to be one's turn
todavía still, yet
todo el mundo everyone
toldero (*m.*) maker of awnings and canvas covers
tomar to take; eat
tonto dumb, foolish

tormenta (*f.*) storm
tosco rough
tostado toasty brown
trabajador (*m.*) worker; (*adj.*) hard-working
trabajar to work
trabajo (*m.*) work
traer (*Irr.*) to bring; **traer de vuelta** bring on one's return
trampa (*f.*) trap
tramposo tricky, devious
tranquilidad (*f.*) stillness, quiet
tranquilizarse (**c**) to calm down
transeúnte (*m.*) transient, passerby
transparente clear
transportar to carry
trasladar to move (something)
tratar to treat; try; **tratarse de** deal with, be about
trato (*m.*) treatment, dealings
travieso mischievous
tremendo terrific
triángulo (*m.*) triangle
tribu (*f.*) tribe
tributo (*m.*) tribute, **rendir tributo** to pay tribute (to)
tripulante (*m.*) crew member
tristeza (*f.*) sadness
tronco (*m.*) tree trunk
tropa (*f.*) troop
tropical tropical
tubérculo (*m.*) tuber (i.e., potato, yam)
tugurio (*m.*) slum; hovel

U

último last
único (*adj.*) only
unido united
uña (*f.*) claw (of animals)
utensilio (*m.*) utensil, tool
utilizar (**c**) to employ, use

V

vacío empty
vagar (**gu**) to wander
valentía (*f.*) courage
valiente brave
valor (*m.*) worth, value; valor, bravery
varanda (*f.*) stick line around a porch (Cuba)
varilla (*f.*) small stick
varios several
vecino (*m.*) neighbor
vegetación (*f.*) vegetation
vela (*f.*) candle
velorio (*m.*) wake, vigil
vender to sell
veneno (*m.*) poison
venerable venerable, worthy of reverence
venerar to revere, worship
venganza (*f.*) vengeance, revenge
vengarse to avenge oneself
venir (*Irr.*) to come
veranda (*f.*) veranda, open gallery or portico
verdad (*f.*) truth
verde green
vereda (*f.*) trail
verja (*f.*) grating, grill (of a door or gate)
vestido (*m.*) dress
vez (*f.*) time; **a veces** sometimes; **una vez** once
viaje (*m.*) trip
viajero (*m.*) traveler
víctima (*f.*) victim
vieja (*f.*) old lady
viento (*m.*) wind
vientre (*m.*) belly
villa (*f.*) small town
vino (*m.*) wine
viruela (*f.*) smallpox
visitante (*m.*) visitor
visitar to visit
víspera (*f.*) the day before
vista (*f.*) sight
vivir to live

vivo alive; **mantener vivo** to keep
   lit (a fire)
volar (ue) to fly
volver (ue) to return; **volver a** do
   again; **volverse** become
voz *(f.)* voice
vuelta *(f.)* walk, stroll; **dar vueltas**
   go around, turn around

Z

zafra *(f.)* sugar-cane harvest
zaguán *(m.)* hallway
zona *(f.)* zone

Y

yaya *(f.)* reed
yerba *(f.)* weed
yuca *(f.)* cassava, yucca
yugo *(m.)* yoke